U0367995

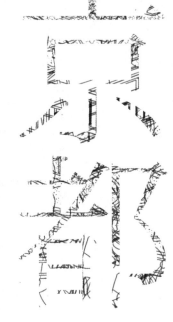

京都之谜

一座千年帝都的历史变迁与寻谜

（日）奈良本辰也　高野澄　著

屈秭　译

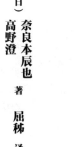

化学工业出版社

·北京·

KYOTO NO NAZO

by TATSUYA NARAMOTO, KIYOSHI TAKANO

ISBN 978-4-396-31752-2

项目合作：锐拓传媒 copyright@rightol.com

北京市版权局著作权合同登记号：01-2020-2947

图书在版编目（CIP）数据

京都之谜 /（日）奈良本辰也，（日）高野澄著；屈秭译 . -- 北京：化学工业出版社，2020.9

ISBN 978-7-122-37274-1

Ⅰ . ①京… Ⅱ . ①奈… ②高… ③屈… Ⅲ . ①京都—地方史 Ⅳ . ① K313.9

中国版本图书馆 CIP 数据核字（2020）第 113409 号

责任编辑：土冬军 张丽丽 　　　装帧设计：水玉银文化
责任校对：宋 夏

出版发行：化学工业出版社（北京市东城区青年湖南街 13 号 　邮政编码 100011）
印 　　装：凯德印刷（天津）有限公司
880mm×1230mm 　1/32 　印张 8 ¹/₂ 　字数 184 千字
2020 年 9 月北京第 1 版第 1 次印刷

购书咨询：010-64518888 　售后服务：010-64518899
网 　　址：http://www.cip.com.cn
凡购买本书，如有缺损质量问题，本社销售中心负责调换。

定 　　价：58.00 元 　版权所有 　违者必究

历史年表

1159 年（平治元年）　平治之乱。平清盛打败源氏一
　　　　　　　　　　　族。源义经出生

1167 年（仁安二年）　平清盛成为太政大臣

1168 年（仁安三年）　源义经（幼时被称为牛若丸）
　　　　　　　　　　　被送往鞍马寺寄养

1177 年（治承元年）　鹿谷事件。藤原成经以及僧
　　　　　　　　　　　侣俊宽被流放

1180 年（治承四年）　平清盛迁都福原。半年后回
　　　　　　　　　　　迁京都

1183 年（寿永二年）　木曾义仲、源行家入主京都，
　　　　　　　　　　　驱逐平氏一族

1184 年（寿永三年）　源赖朝召义经及范赖进京，讨
　　　　　　　　　　　伐义仲

1185 年（文治元年）　平氏灭亡

1192 年（建久三年）　开启镰仓幕府时代

1221 年（承久三年）　承久之变。镰仓幕府设置六
　　　　　　　　　　　波罗蜜探题①

1224 年（元仁元年）　佛教家亲鸾开创净土真宗

1294 年（永仁二年）　僧侣日像进京，开始日莲宗的

---

① 六波罗蜜探题是镰仓幕府设立的护卫京都的官职。——译者注

传教活动

1334 年（建武元年） 建武政权推行天皇亲政

1336 年（延元元年／ 足利尊氏开创室町幕府。
建武三年） 后醍醐天皇退至吉野，南
北朝分裂

1339 年（延元四年／ 造园家梦窗疏石创建天龙
历应二年） 寺。重建西芳寺

1392 年（元中九年／ 南朝后龟山天皇回迁京都，
明德三年） 南北朝统一

1397 年（应永四年） 足利义满创建鹿苑寺（又
称金阁寺）

1465 年（宽正六年） 足利义尚出生

1467 年（应仁元年） 应仁之乱开始

1483 年（文明十五年） 足利义政在东山创建慈照
寺（又称银阁寺）

1532 年（天文元年） 法华宗信徒及普通民众对抗
一向宗（天文法华之乱）

1568 年（永禄十一年） 织田信长追随将军足利义
昭入京

1571 年（元龟二年） 织田信长火烧延历寺

1573 年（天正元年）　　　织田信长驱逐足利义昭，室町幕府灭亡

1582 年（天正十年）　　　本能寺之变，织田信长自焚

1587 年（天正十五年）　　丰臣秀吉建造聚乐第

1590 年（天正十八年）　　丰臣秀吉整理京都城市规划

1591 年（天正十九年）　　丰臣秀吉命令千休利自决

丰臣秀吉在京都外围修建的堤防工程丰臣御土居完工

1594 年（文禄三年）　　　秀吉修建伏见城

1598 年（庆长三年）　　　丰臣秀吉去世

1602 年（庆长七年）　　　德川家康着手建造二条城

1611 年（庆长十六年）　　方广寺大佛殿完工。角仓一族对高濑川成功进行维护整修，开通了京都与大坂之间的水路

1615 年（元和元年）　　　本阿弥光悦移居鹰峰并创建了名为光悦村的工艺美术基地

1640 年（宽永十七年）　　六条柳町的花街柳巷移至朱雀野，被称为岛原

1702 年（元禄十五年）　赤穗浪士冲入吉良府报仇雪恨

1730 年（享保十五年）　京都市内火灾。西阵地区烧
毁大约七千台纺织机

1788 年（天明八年）　京都市内火灾

1789 年（宽政元年）　光格天皇欲授其父典仁亲王
"太上天皇"的尊号，遭到幕
府强烈反对（尊号事件）

1858 年（安政五年）　幕府老中堀田正睦为获得天
皇对通商条约的敕许而上
京。九月，梅田云浜等大多
数尊王攘夷派志士被逮捕投
入狱中（安政大狱事件）

1860 年（万延元年）　孝明天皇的妹妹和宫亲子内
亲王，下嫁于将军德川家茂

1862 年（文久二年）　萨摩藩的过激派在伏见的寺
田屋被斩杀。幕府设立了京
都守护职的职位，任命会津
藩主松平容保担任，尊王攘
夷派在京都自称天诛，与佐
幕派强烈对抗

1863 年（文久三年） 姉小路公知被暗杀。新选组在京都成立。八月，幕府派成功政变，长洲藩等尊王攘夷派被赶出京都（八月十八日政变）

1864 年（元治元年） 将军德川家茂进京。新选组袭击池田屋，众多志士被杀（池田屋骚动）。长州藩在京都与萨摩藩等对战，以战败告终（蛤御门之变）

1866 年（庆应二年） 孝明天皇驾崩

1867 年（庆应三年） 明治天皇即位。将军德川庆喜将政权交还给朝廷。坂本龙马、中冈慎太郎被暗杀。小御所会议决定了王政复古

1868 年（明治元年） 天皇军与幕府军在鸟羽、伏见等地发动战役（戊辰战争）。明治天皇离开京都，暂避江户两个月

1869 年（明治二年） 三月，迁都东京。在东京每个区域里都设立小学校

1890 年（明治二十三年） 琵琶湖疏水工程竣工

前言

　　我在京都住了五十多个年头了。在大学的时候我念的是日本史专业，大学毕业以后一直从事编纂京都史的工作。京都是一个历史悠久的地方，我学的专业知识与这京都城的氛围，实在是再匹配不过了，再加上我做的是编纂京都史的工作，我甚至觉得自己的呼吸中都带着一股京都味儿了。

　　不过，在京都生活的这五十多年，让我充分地把它的好与不好都领略了一遍。我想，现在的我，已经能够用完全客观的心态来看待京都了。

　　作为一名向外界讲述京都故事的人，我倒是觉得现在的这个心态应该更让读到这本书的人感到亲切一些。在这本书里，我不会徒劳地为京都唱赞歌或是加入一些自己的感伤情绪，而是依助历史史实、透过一些流传至今的传说和民间故事，试着去客观地做介绍。说起京都，无论如何也绕不过的是京都的千年历史。因为这里的一草一木，可以说都是在历史中浸泡着的呢！

　　因此，在开始写这本书的时候，我就考虑先从历史开始谈起，而且用解开历史的谜团那样的讲述方式。最开始是编辑部的编辑提议用这个方式，因为我也觉得这个解谜的方式最合我的心意，于是就接受了他们的约稿。

在著名的罗生门[a]的东边和西边，原本应该都建有非常宏伟的寺庙。可为什么如今只有东边的寺庙保留了下来，而西边的寺庙却片瓦不存呢？京都的街道非常注重左右对称，就像棋盘的格子一样，这在当时看来就已经失去了工整，为什么当时的贵族们却就让它一直这个样子呢？大家看到这里，心里也会涌起同样的疑问吧。

当把这些谜团一点点地解开，京都才会慢慢地揭开它的面纱，向我们展示出它真实的样子。

一直以来，有关京都的很多事情我们都过于想当然了。于是我找到了高野澄先生，跟他聊了罗生门的事儿。他也觉得很有趣，答应跟我一起来做这件事。这本书是我们两个人反复琢磨着写出来的。最近这几年，在京都市主持编纂的图书《京都的历史》里，学者们挖掘出了很多新的史实，我们在本书的讲述中也有很多借助于这些史实的地方。

无论如何，我们在本书中会使用另一种不同以往的方式同大家聊聊关于京都的种种，而且我认为这种方式是成功的。

奈良本辰也

---

① 罗生门，也叫罗城门，是日本京都平安京中央通往南北的朱雀大道上南端的一座城门。——编者注

目录

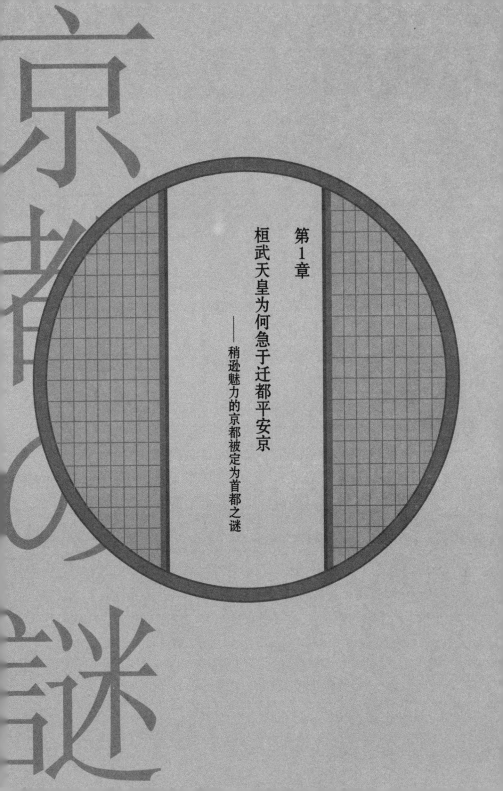

第 1 章

桓武天皇为何急于迁都平安京

——稍逊魅力的京都被定为首都之谜

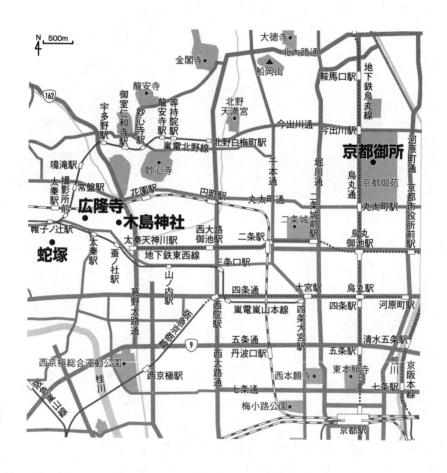

主要出场人物

◎ 桓武天皇

◎ 藤原种继

◎ 早良亲王

◎ 和气清麻吕

是什么将桓武天皇吸引到山背国来

要想知道古代的京都长什么样儿，只需在想象中将京都南面，也就是把 JR^① 山崎站周边从东边和西边都建上堤坝，然后往这个被建造出来的盆地里灌上水就可以了。

这样一来，大家会发现京都市内几乎成了一片开阔的海拔低的湿地，只有东边、西边和北边丘陵的山脚那一片儿，能供人类居住。

大约到 7 世纪为止，当时被称为山背国葛野的京都的景观^②，就是这个样子。在这之前，水位比这时候还要高，到处都是水洼、涌泉和池塘，看起来像是个小动物们的乐园。不管从什么角度而言，那时候的京都都很难说是适合人类居住的地方吧。

后来水慢慢地流向南边，在地势稍微高一点的地方开始出

---

① JR，全称日本铁路公司（Japan Railways），日本的大型铁路公司集团。——编者注

② 桓武天皇下令迁都，将都城从平城京搬到山背国北部的葛野，然后把山背国改名为山城国，接着又将葛野改称平安京，由此拉开"平安时代"的帷幕。——编者注

现少数村落，不过就算这里成了新的首都，被命名为平安京，洼地这个地势本身的缺陷也决定了京都起初并不是个富有魅力的场所。

那么，是什么让桓武天皇①和他的亲信们会选择把新的首都建在此处呢？

我们去京都市右京区的太秦一带看看。岚电车公司的北野线和岚山本线交汇的那一站叫作"帷子之辻"车站，那个地方曾经搭起了很多电影公司的摄影棚。在拍电影的全盛时期，热热闹闹的大街上挤满了慕名来参观的人，城里还养着古装剧里做道具用的马，跟其他地方比起来，这地方的氛围确实很不一样。后来虽然电影行业慢慢衰败，城里的光景也随之逐渐变得冷清起来，在那之后建起来的电影城却至今仍然招揽着众多的观光客。

我们要去看的地方叫"蛇冢"。可能很多人会说，没听说过蛇冢这个地方啊，而且听名字就觉得似乎不是个好玩的地儿。不过蛇冢离供奉着国宝弥勒菩萨像②的广隆寺非常近，值得顺道去看一看。

话虽如此，在接下来的讲述当中，大家会明白从历史上来说，这个广隆寺和蛇冢具有相同的意义，不过最先想让大家弄清楚的是，到底是什么力量将桓武天皇吸引到山背国这里来建都的。要想解开这个谜底，比起广隆寺，蛇冢的存在会更有说服力。

蛇冢这个地方，堆积着大约二十来块巨大的石头。看起来只是把石头垒在了一起，不过这是从背面观察，绕到正面一看就能马上明白，它是用石头建成了一个个的"房间"，即石室。

---

① 桓武天皇（737~806），日本第 50 代天皇，787~806 年在位。——编者注

② 即日本国宝第一号的宝冠"弥勒菩萨半跏思维像"，7 世纪飞鸟时代雕像。——编者注

秦氏古坟与被称作"蛇冢"的石室

相传秦氏的首领死后被葬在此处，是前方后圆的横穴式古坟。当年在修建这些古坟墓的时候，石室的上方一定盖上了厚厚的坟土，但在雨水的冲刷下，如今只剩下石室光秃秃地暴露在外面。很久以前，据说有大量的蛇群聚居于石室之中，这也是蛇冢这个名字的来历所在。

站在蛇冢前，不由地令人追忆起在平安京以前的时期，就已经在这一带定居的大豪族秦氏，他们掌握着当时优秀的技术与强大的力量。

吸引桓武天皇来到山背国的要因多种多样，但其中至关重要的一点，就在于山背国有秦氏一族的存在。

秦氏建造了三柱鸟居，是日本首屈一指的豪门权贵

且说秦氏一族，其实是从朝鲜半岛的新罗搬到日本来的移民。不过因为移民这个叫法，稍微带有一些法律上的意味，在

此我们不用这个词，而是把秦氏一族称为"渡海来住民族"，也就是从海上迁徙至此，并在此定居的民族的意思。

山背国在成为首都平安京之前，并不是只有秦氏一族住在这里，南面住着同样从海上迁徙过来的高丽氏一族，北面住的是贺茂氏一族，而东边住的则是八坂造一族（他们是高丽氏的一个分支）。

与贺茂氏有渊源的贺茂神社，八坂造一族创设的八坂塔（又称法观寺），它们同太秦的广隆寺一起，都是古代京都的先住民留下的历史遗迹。

在这些家族当中，秦氏是最有势力的一族。他们从朝鲜半岛带来了当时非常优秀的古代文明，土木灌溉、养蚕、织布、酿酒的技术都达到了令人惊讶的高度，尤其是在桂川河上修建堤坝，对河水的流量进行调节，这一业绩足以使他们在当时众多氏族当中更显得出类拔萃。

木岛神社的三柱鸟居

广隆寺

秦氏一族流传下来一种非常罕见的造型艺术，就是被设置在广隆寺东侧"木岛坐天照御魂神社"的三柱鸟居，作为护法神用于迎接神灵。一般来说，普通的鸟居是两根柱子，而此处的鸟居则是三根，从上往下俯瞰，是等边三角形的形状。

在此之前，日本只有两根柱子的鸟居，假想一下神灵通过鸟居时，会是从前往后直来直去的路径。而"木岛坐天照御魂神社"前的鸟居，却是朝向三个方向，这对于习惯了"不是正面就是反面"这种单纯思维方式的日本人来说，会感到困惑而不知所措。因为"木岛坐天照御魂神社"里还有个蚕养神社，因此也被称为蚕社，这个称呼倒是让人觉得更容易亲近一些。京福电铁岚山本线在这一站的站名也用了蚕社这个名字。

除了这一类科学技术之外，以大和朝廷为中心展开的汉语系文化和经朝鲜半岛的新罗传来的佛教也被慢慢地推广开来，这些都为秦氏一族的势力扩张提供了有利条件。

优秀的渡海来住民族秦氏，可以称得上是充分发挥了多方面的集团经营能力。秦氏一族在圣德太子时期与朝廷的关系深厚，这也被认为是他们多方面经营的一部分。以前文提到的广隆寺为首，秦氏一族还在推古天皇时期修建了蜂岗寺，而此事的起因也跟圣德太子[①]有关。具体来说，当时圣德太子为了安放新罗赠送的佛像而广招人手修建寺庙，接下修建寺庙任务的正是秦氏一族。

此外，还有很多诸如为了保护圣德太子，秦氏斩杀物部守屋[②]之类的故事，都显示出圣德太子与秦氏一族之间的密切联系。

秦氏一族为了扩大自己的领域，他们看上了山背国南部的低湿地带，并且准备用自身擅长的土木技术对此地大兴开发。而与此同时，以奈良（平城京）为首都的桓武天皇朝廷正是身陷困局的时候。

新政权需要新首都

要说历史上什么样的时候最惊心动魄，大概没有比决定把首都定在哪里这样的瞬间更让人觉得惊险刺激的吧。现代社会的企业也是如此，企业所在地定在何处，对业绩的影响也非常大。当然，在决定企业所在地之前，企业会进行慎重的市场调查，作为向市场提供商品的一方，企业的选址还算是相对容易的。

---

① 圣德太子（574~622），日本飞鸟时期思想家、政治家，用明天皇次子。他曾派出遣隋使，引进中国的先进文化和制度。他笃信佛教，执政期间大力弘扬佛教。——编者注

② 物部守屋，日本古坟时代的豪族之一，当时的排佛派。——编者注

与此相比，政治就是更为艰难的事业。

若是追究起政府权力的实体存在于何处，那么不设定一个具体的实施权力的场所，权力的实体还真是看不出个所以然。奈良之后，朝廷要把首都定在哪里，就曾经是一个非常棘手的问题。

要把首都从奈良搬出去的理由，一般说来是由于朝廷跟佛教的关系过深，导致朝廷慢慢地失去了自由，这个说法确实让人很容易理解，但其实还有一个原因在于桓武天皇的即位，导致天皇的血统派别发生了变化。也就是说，壬申之乱①后的一段时间内，都是天武天皇系的子孙继承皇位，而天智天皇系的子孙却跟皇位无缘。

天武天皇系内部一直皇位之争不断，这些争斗导致了在桓武天皇的父亲做白璧王的时候，皇统终于又转到了天智系这边来，桓武天皇的父亲继承皇位，即光仁天皇。皇后圣武天皇之女井上内亲王的亲生儿子他户亲王被立为太子，在当时的这个时间点上，桓武天皇还没有任何实现迁都的可能性。

不过，这之后发生的事变，让京都登上了历史的舞台。

这就是宝龟之变，皇后因被怀疑下蛊而突然被废，他户亲王也被罢黜了皇太子之位。传闻皇后私下策划谋反，企图像自己的姐姐（称德天皇②）一样自己也成为女帝。

就这样，773 年，山部亲王被册立为皇太子，781 年，接受父皇让位，就天皇位，即桓武天皇。从光仁到桓武的更替，这两代天皇都是天智系，算得上是平稳过渡，但奈良却是天武系势力的根据地，天智系在奈良很难久居。

---

①　壬申之乱发生于 672 年（天武天皇元年），是日本古代最大规模的内乱。——编者注
②　称德天皇，即孝谦天皇，是日本历史上第 6 位女帝，天武天皇系最后的天皇。——编者注

因此，桓武天皇"离开奈良，另建新都"的新体制，绝对不是什么朝廷的新政策，而只不过是天皇和他的官僚们必须搬到一个能让他们安居乐业的地方去的迫切需要。

桓武天皇的即位使皇统的派别发生了变化，这导致朝廷内官员的体系也发生了相应的变化。就如同明治时代的大选，第一政党一旦变更，连乡下警察的队伍都会跟着换人。由于受到这些事情的影响，当时还谈不上非常强大的秦氏一族的政治地位得以迅速提升，跟桓武天皇之间的紧密联系也由此产生了。

从离开奈良到落户平安京之间，这大约十年的时间里，桓武朝廷安在了长冈京。

长冈京的范围以长冈京市为中心，跨越京都市与向日市。长冈京遗址的发掘考察工作进展得非常顺利，从发掘的结果来看，以大内里（天皇的居所）为首，围绕在大内里四周的条坊（竖的以及横的街道）都基本竣工，作为首都的功能可以称得上已基本完备。一方面这是桓武天皇的有力权臣藤原种继、藤原小黑麻吕、佐伯今毛人等经过慎重的选址而选定的场所，另一方面，位于长冈京西北方向的大枝，是桓武天皇的母后土师氏生活过的地方。

从长冈的地形地貌来看，东边有桂川，西边有丹后路，北边有北山与丹波山系，东南有巨椋池，符合中国古代在设立首都时提倡的"四神相应"（东西南北四方安宁的风水学）的基准。长冈的附近还有由桂川、木津川与宇治川三川交汇的湖泊，可以说是重要的交通要地。

然而，自然条件优越，营造工程也已经完工大半的长冈京却仅仅在十年间就遭到废弃，朝廷最终把首都迁到了平安京，这一历史舞台交替的原因到底是什么呢？

因"冤魂"紧追不舍而决意迁都平安京

我认为我们必须得重新思考一下秦氏一族的存在。

从平城京迁都长冈京，与从长冈京迁都平安京，如果把这两次迁都认为是同一性质，那么可就大错特错了。对桓武朝廷来说，从奈良脱离出来是一件非做不可的事情。因此，与其把迁都分为从奈良到长冈再到平安京三个步骤，不如按从奈良到山背国的两个步骤更容易理解。我们应该把迁都平安京看作对迁都长冈京的修正，而将这两次迁都联系起来的关键角色正是秦氏一族。

先把长冈和山背国共同的弊端——都有可能发生洪水这一点撇开不论，长冈离山阴道更近，京都的葛野郡则在更偏北一些的地方。作为新首都的候选之地，葛野最初也应该有被考虑过，不过最后定在了长冈，应该仅仅是因为离山阴道的距离的因素吧。

建设长冈京的事业由秦氏一族掌控。新首都建造工程的最高责任者是藤原种继[①]，他的母亲便是秦氏的族人，而藤原小黑麻吕[②]的妻子，也同样来自秦氏。再加上桓武天皇从自己的母亲那里继承了来自朝鲜半岛百济的血统，自然对在渡海来住民族当中最强大的秦氏一族抱有亲近感，完全没有疏远的道理。

延历三年（784 年）五月，朝廷宣布将首都迁往长冈，当年十一月桓武天皇就已经移居于此。仅仅半年时间，就完成了迁都的大事，由此可以推断出朝廷对建造新首都一事的计划非

---

① 藤原种继（737~785），桓武天皇的心腹重臣，中纳言。主要成就为营建长冈京。——编者注

② 藤原小黑麻吕，大纳言。据《大日本史》中记载，祖父为中卫大将房前，主要成就为进军平虾夷。——编者注

常周密，并做了充分的准备。

不过，到了第二年九月，却发生了新首都建设的核心人物——藤原种继被暗杀的大事件。虽然查明了下令暗杀种继的人是贵族大伴继人，不过通过这次暗杀事件，能看出背后暗藏着一股巨大的强行要求天皇返回旧都平城京的势力，以及对招致新都到山背国的秦氏一族的愤慨。

在这种情况下，如果中止新首都的建设，就无异于宣布桓武天皇被旧势力打败了。然而，在此之后八年的时间里，新都建设工程依然继续进行，首都最终定在了长冈。

实际上，这一时期的桓武天皇也一定是卧薪尝胆忍耐度日。种继事件的影响持续发酵，就连桓武天皇的亲弟弟、皇太子早良亲王①都受到了牵连，而且他到最后也没能消除嫌疑证明自己的清白，在被流放到淡路岛的途中去世了。作为皇太子却这样悲惨地死去，早良亲王就算变成"冤魂"来"作祟"也不足为奇，然而就算死在了流放途中，他的遗体也还是依然被送去了淡路。由此亲王的"冤魂"似乎就成了桓武天皇的梦魇。

这之后桓武天皇的夫人藤原旅子、生母高野新笠、皇后藤原乙牟漏相继去世，伊势神宫遭遇火灾，新立的皇太子也重病不起，不幸接二连三地降临到了桓武天皇的身边。

从京都的左京区上高野站乘坐叡山电铁的叡山本线，经过三宅八幡站，再往前一点儿，左手边便有一个叫崇道神社的地方。桓武天皇因早良亲王的离世而痛苦不堪，最终追封早良亲王为崇道天皇，这个神社正是天皇为了"让早良亲王的冤魂得

---

① 早良亲王，桓武天皇的胞弟，761年出家，居住在东寺、大安寺。781年，桓武天皇即位的同时，在光仁天皇建议下还俗，立为皇太子。785年被废。——编者注

以永世安宁”而修建的。

京都的历史，就如同不知道何时会爆发的休眠火山的表层一样，缀满了数不清的成群结队的"冤魂"。桓武天皇虽然拼命反抗，但最终还是无法继续忍耐，决定舍弃长冈京。若用现代的合乎常理的方式来思考一下，应该说是将过往的恐惧与不详都遗弃在长冈京了才对。

无论如何，因为被列为"第一号冤魂"的早良亲王的缘故，迁都平安京这件事基本上就定了下来（关于冤魂的描述，详见第三章）。

把首都从长冈搬到葛野，若是要讲这件事情和秦氏一族之间的关系，相当于秦氏一族将朝廷这个让人垂涎的权力机构引到了自己的根据地里来。对于平安京新都的建设，学者们的意见众说纷纭，有的认为秦氏一族在其中起的作用并不是很大，当然也不能全盘否定，秦氏一族在财政上还是给予了巨大的支持，我想这种讨论大概会一直持续下去，因为这些学者们并没有从秦氏诱导了桓武天皇迁都这个出发点上去考虑问题。和气清麻吕①向桓武天皇推荐了葛野之地，他的这一建议确实起到了决定性作用，但是桓武天皇和秦氏一族之间业已达成的默契才是大前提所在，清麻吕的建议只是为迁都一事提供了良好的契机。

举例说来，葛野之地最大的难关在于对河川的治理，而这一难关也因为此地是秦氏一族的根据地而变成了迎刃而解的事情。

换句话说，就是下面对话中的这么一回事。

"好吧，我们就迁都到葛野去。不过，那里的河川经常泛

---

① 和气清麻吕，奈良时代末期至平安时代初期的高级官僚，同时也是平安京的修建者之一。——编者注

滥，倒是个麻烦事儿。"

"请圣上放心，把这事儿交给在下就好了。"

首都日益发展，秦氏一族退出历史舞台

为何对秦氏一族来说，朝廷是非常有吸引力的存在呢？

若是为了发财致富，那肯定不对。要说比这个有着更大魅力的目的，大概在于秦氏一族希望将他们的祖先从半岛带来的文明全部倾注进去，试图打造出一个被称为"朝廷"的作品吧。

但是秦氏一族唯一打错算盘的却是，他们原本是做着把朝廷引进门来，由自己全力打造的打算，而这个朝廷却出乎意料地迅速成长壮大，等秦氏一族回过神来，他们已经被定位为接受归化的外来人口一族。与日益发展的平安京正好相反，秦氏一族的生命力却慢慢地消亡了。

就如同城市把大企业请进来，刚想着大企业会给生活带来各种便利，却没想到城市居民们的健康也被大企业所带来的负面影响慢慢侵蚀，平安京迁都跟现代城市的建设工程，倒是颇有几分相似之处呢。

京都の謎

第2章

为何东寺兴旺昌盛，而西寺却销声匿迹

——京都首屈一指的大伽蓝消亡之谜

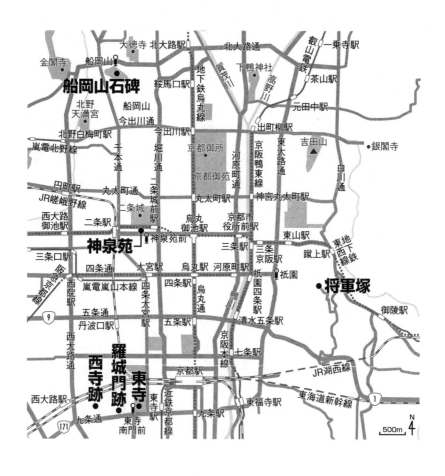

主要出场人物

⊙ 弘法大师
（空海）

⊙ 守敏大德

⊙ 嵯峨天皇

⊙ 淳和天皇

平安京的起点在船冈山

接着上一章谈到的蛇冢的话题，本章也会从石头的话题开始谈起。

这次要说的石头在船冈山的山顶上。京都市的公交车站里有一站就叫作"船冈山"，从车站顺着北边往上走就到了大德寺宽广的寺庙属地，往南边去则有一个下坡。

与其把船冈山叫作山，倒不如把它叫作山坡更合适。就算是放慢速度向上爬，大约 20 分钟也就能爬上山顶了。山顶附近有一处叫作建勋神社 ① 的地方，是供奉织田信长的神社。

接下来，我们要说的那块石头就在山顶，这块石头约有一人高，圆滚滚的，呈近似三角锥的形状。（现在这块石头已经没有了。）

暂且不谈这块石头为何会在此处，如果我们试着把背靠在石块上，也就是朝南站在那里向四周看一看，我们就能发现京

---

① 建勋神社，始建于 1870 年，主祭神是织田信长。——编者注

都的车水马龙、市城街景尽收眼底。

请把目光停留在东寺塔上仔细地观察观察，若只是发出"啊！东寺在这儿啊！"这样的感叹可远远不够。东寺，也就是位于东边的寺，那么西边的寺呢？希望大家在远眺京都的同时，能够考虑到这个层面。而且，要是能察觉到无论怎样绞尽脑汁，从任何角度也找不到一个看起来可以称之为西寺的建筑，那就更好了。

船冈山石碑

大家有没有猜到什么？你现在所站的船冈山的这个位置，正是在一条中轴线上。

一点儿没错，平安京正是始于这个船冈山的山顶。之所以说平安京是从船冈山开始的，那就用更准确一点儿的说法来做个解释，因为位于平安京城中心南北走向的朱雀大街，正是处于这条从船冈山山顶向南的延伸线上，朱雀大街的位置也是由此而定的。

哪怕是我们现在回过来头试着画一画平安京的概略图，也会发现朱雀大街的位置除了以船冈山作起点之外，没有其他的可能性。

不过，因为是从现在的时代向前追溯，所以我们可以很快地下这个结论，而放在当时，想必负责修建朱雀大街的人，一定是在选址一事上大伤脑筋了吧。

话虽如此，那些手握着城市平面图，初来乍到的修建者们，肯定知道这个难题很快就会得以解决。因为葛野的先住民们，对船冈山山顶的这块巨石已经产生了神圣的信仰。想必在这块石头的周围也曾经建起过作为信仰标志的简单的神社。当我们抱着姑且去神庙拜一拜的心情登上船冈山的时候，就很快会发现呈现在眼前的那块低地的部分，正好左右对称地向两边延伸开去。

因此，平安京的起点正是在船冈山。

京都首屈一指的大伽蓝的消亡

谈到平安京作为首都的性质，总是会一味地提到它在政治上的功能。在此基础之上，我认为平安京为何一定要建成四方形这一点也理应被充分地考虑到。据说俄国的皇帝临时兴起在地图上画了一条直线，便命令工匠们照这个样子去建造西伯利亚铁路，同样，要把平安京建成四方形这事儿，也一定是让当时的建造者们格外棘手的一个任务。虽说将贺茂川和高野川这两条河的流向稍稍往东边移了一些，然而河水却延绵不断从地下往外渗出来，最终形成了一个大的湖沼。光处理这个难题就够大费周章的了。

最后建造者们想出了把这个池沼改造成平安京大内里的禁苑（大内里之中供天皇和皇族游玩的庭园）的策略，并称之为神泉苑。

用填川造地的方法建起来的神泉苑，到了最后却被德川家康在修建二条城时占用了大部分的用地，如今已经面目全非了。不过当年却是以东西长约 200 米、南北长约 400 米的规模显耀于世。神泉苑的占地面积广阔，里面还放养着鹿群，种植了莲花，宛如"京都的城中之城"一般的盛景。

神泉苑的存在，真实地再现了在太古的湖底建造平安京的历史，与之相对应的是，东寺和西寺是作为城市的四角形形状中的要点而被修建的，就如同在围棋的棋谱上先放上了两颗棋子。只是后来的结果却是东寺兴旺昌盛，西寺却慢慢地消失了。

东寺的五重塔取代了修建不久就倒掉、之后也没有再重修的罗城门，成为京都入口处的标志性建筑。东寺的东边有大宫大街，西边有壬生大街，八条和九条①的街道作为东寺在南北的分界线，寺庙范围在平安京里是最大的。

虽然现在东寺内部的各个建筑，都已经不再是建造当时的原样，然而伽蓝的位置却从未改变。从南大门进入东寺，首先映入眼帘的是金殿，之后是讲经堂。以大日如来为中心的二十一尊佛像，彰显着密教的庄严。

东寺以如此壮大的规模被保存至今，而西寺剩下的只有尺椽片瓦，以及寺庙名称与地名。

那么，究竟为何西寺没有得以重建呢？

----

① "条"是日本古城尤其是京都道路的特称，从京都御所向南排列，在东西方向上的大路则以一条、二条、三条等类推命名。——编者注

东寺　五重塔

担起王城守护重任的将军墓与大将军神社

朱雀大街往南与九条大街的相汇之处，正好是平安京的正面入口，罗城门就建于此地。出了罗城门，朱雀大街的名字就变成了鸟羽作道，之后从淀到摄津，再到西国，水路一直把这些地方都连了起来。以罗城门为界，左右各约200米间隔，东寺和西寺几乎是在同一时期被建造的。

从东寺和西寺位列罗城门左右两边这个地理位置上来看，就很清楚东西两寺担负着守护平安京的重任，而且这个重任是从建造之初就有的。用比较极端的说法，称东西两寺从一开始就是只为皇家服务的寺庙也不为过，而除此之外的其他寺庙职责，例如向民众布教的义务等都可以免除。在东西两寺刚建成的那段时间，即便是普通老百姓想修寺庙，也不被朝廷允许。朝廷之所以这样做，一方面是为了防止奈良的旧佛教传到平安京来，另一方面是通过这种策略，进一步加强东西两寺作为守护国家、守护皇城的标志性形象。

提到日本由国家管理的寺庙，大家都会立即想到东大寺吧，或者想到被分置在各诸侯国的国分寺或是国分尼寺①。这些寺庙确实都有守护国家的职能，但同时也承担着向寺庙所在辖区的民众传播朝廷所信奉的佛教思想的启蒙作用。因此这些寺庙跟普通老百姓打交道的机会非常多，也因此更具有开放性的特色。

而平安京的东寺和西寺，只需承担一心为国家与皇城的安全祈佑的职责。虽然在佛教当中自古以来就有"虔诚祈祷，佛祖显灵"的信仰，在这里把它理解为德高望重的修行一定会带来福报更为妥当。

新佛教的方法论，树立了一个新的论题，由最澄、空海

---

① 公元741年（天平十三年），圣武天皇为了镇护国土，下令各国建立的寺院，这就是国分寺、国分尼寺。一国一座国分寺和国分尼寺，置于国府，而大和国的东大寺、法华寺则作为总国分寺、总国分尼寺。——编者注

（弘法大师）两位高僧弘扬开去，尤其是以空海为首的真言密教，将东寺作为道场弘法，使得真言密教逐渐成为平安新京的佛教。

现在，让我们再回到平安新京的四方形形状的构想上来。

为了守护皇城，其实并不只是修建了东西两寺。顺着祇园圆山公园[1]的后山爬上去（当然你要是走东山自动车道上去会更容易些），山上有一个叫作将军冢的地方，原本只是座古坟，不过后来因为跟征夷大将军坂上田村麻吕[2]扯上了渊源，再加上从这个地方可以俯瞰整个平安京，因此将军冢被赋予了守护京都的意义。其实田村麻吕的墓地本身在山科的一个叫栗栖野的地方，征夷大将军的遗体面朝东边下葬，以站立的姿势被安放在灵柩当中，意思是无论何时他都在守护着京都的安全。这两个墓地都被称为将军冢，不过后者才是真正的征夷大将军的墓。

除了征夷大将军以外，还有一位大将军，但两者的意义不太一样。在神道的阴阳道中，保护四方的神同样被叫作大将军，在平安京东南西北四个方向的外围，都建有祭祀神道大将军的神社。这四个神社得以保存至今，其中设在西边的大将军神社，周边地区的地名就叫作大将军。

将军冢、四大将军神社，以及东寺和西寺，是为守护京都而设置的七个标志物。对于将军冢和大将军社，我们对此完全没有疑问，很容易理解它们的作用。田村麻吕征服了虾夷，是孔武有力的大将军，人们希望他死后也能继续守护平安京的安

---

① 祇园，京都最大的艺伎区，位于鸭川以东的东山区。圆山公园是京都最古老的公园，位于祇园中心部。——编者注

② 坂上田村麻吕（758~811），日本平安时代的武官，是日本传统文化中的武神。因讨平东北陆奥虾夷的功勋，被封为征夷大将军。——编者注

全，这种祈愿是理所当然的。而当时的人们认为，神道的大将军守护四方，会自动地每隔三年就更换一个方位镇守，人们只要不做出妨碍大将军行程的事，大将军自然会保一方平安。

不过，东寺和西寺的存在就多少有些令人费解。在四角形的城中有两个完全一样的寺庙，各自独立，却都服务于同一目的——守护皇城与镇守国家，对这一点大家是否也会有些想不通的地方呢。寺庙并不是汽艇的发动机，如果说安装两个会比只有一个的效率更高一些，那是不可能的。

东西对称建造两寺的做法，应该是在模仿平城京的东大寺和西大寺。不过为了克服旧佛教的影响而逃离奈良，却又在京都模仿奈良的做法建造东西对称的寺庙，这不得不说是一种毫无远见的传承吧。罗城门的左右两侧各自需要一所庙宇——也许从当时的朝廷没有探究是否真的需要如此去做这一点上，就已然预告了西寺终将消亡的命运。这是一个关乎当时社会及政治思想的问题。

左右对称被打破，西寺开始走向没落

延历十五年（796年），也就是迁都到平安京的两年之后，朝廷开始着手修建东寺和西寺。

弘仁十四年（823年），对东西两寺来说是具有划时代意义的一年。嵯峨天皇下旨将东寺交予弘法大师空海，西寺交予守敏大德来住持。在这之前的一年，传教大师最澄去世，他曾跟空海一起推广并弘扬新佛教，是空海的竞争对手，如今只剩下空海一人，成为佛教界首屈一指的人物。空海住持东寺，而住持西寺的守敏并不是空海的弟子，只是一名佛教支派的真言教僧侣，可以说从一开始就注定了东寺的地位高于西寺。

很多人都知道东寺又叫教王护国寺，与之相反的是，大概没有人听说过已经消失了的西寺曾经有过什么别的名号吧。说实话，我也并不知晓。我试着查阅很多资料，也没查出个所以然来。朝廷给东寺"教王护国寺"的名号是在弘仁十四年，与空海被任命为东寺住持差不多在同一时期，那个时候西寺当然也还没有被大火烧掉，然而即便如此，西寺似乎也没有被赠予任何别的寺号。

东寺和西寺地位之间的优劣关系，从空海和守敏开始住持寺务以来，就已经是不争的事实。

西寺在正历元年（990 年）被大火烧得只剩下一座塔，而正好是在此之前十年，罗城门也在暴风雨中被毁坏了。就在罗城门的楼上，曾经供奉着守护皇城的标志——兜跋昆沙门天佛像。

此处的昆沙门天，也有说法称它跟现在被安置在东寺金堂的兜跋昆沙门天是同一座。如果这个说法属实，那么应该是罗城门刚一被毁之时，昆沙门天就被立刻转移到东寺去了。

从这件事情可以看出，当时的西寺已经被东寺的势力完全压制住了吧。就算是东寺把这个独一无二的守护皇城的昆沙门天夺走，西寺也没有办法抱怨半句。

可笑的是，这种做法本身就违背了左右对称的原则，我想不出所料的话，一定有不少人对这件事情担心过吧。

如今的人们大概会笑着说其实这事儿也没什么大不了的，这正是现代人表现出的懒散态度。西寺日趋衰微，而另一方面，东寺即使在空海去世之后依然保持了更加繁荣的势头，这种现实的不平衡虽说是不可逆转，然而如果不能给出让人信服的理由，东西两寺的不平衡势必产生令人惶恐的气氛，接下来会谈到的那些传说，也是因为这个原因才出现的吧。

以神泉苑为舞台的空海与守敏之争

天长元年（824 年）——据说就是在这一年，与空海在日常各种事务上都对着干的西寺的守敏，因为跟空海在神泉苑的祈雨法事之争而遭遇惨败。两人之间的关系，据说互相憎恶到要诅咒以除去对方，总之是到了非常恶劣的程度。且说当时法力之争就是下面描述的这样一番情景。

天长元年，入夏以来滴水未降。淳和天皇命令空海在神泉苑做祈雨的法事，然而守敏却抢在前面，恳请天皇让自己先来。祈愿法事做了七天，虽说老天爷也下了一点儿雨，不过对于已经干涸成灾的京都的土地来说，这点儿雨水远远解决不了问题。

接下来轮到空海上场了。空海也同样做了七天的法事，却一丁点儿效果也没有。据传说，空海累得精疲力竭，使出全身气力打开慧眼一瞧，掌管风雨的龙神居然被守敏的咒语压在了一个水瓶里动不了身。守敏自告奋勇打前阵，却以失败收场，为了遮掩自己的羞耻，他千方百计使出招数来阻止空海求雨成功。

万幸的是，只有善女龙王没有被守敏的咒语困住，它在天竺[①]的无热池里潜藏了起来。空海洞悉了一切，于是向天皇恳

[①]　天竺，古代中国及其他东亚国家对当今印度及其他印度次大陆国家的统称。——编者注

请再多做两天法事。善女龙王终于从天竺来到了神泉苑的池底，人们在溅起的水花里看到了它金色的身影。毫无疑问，善女龙王给翘首以盼的京都子民们送来了甘霖。

在这个传说里，虽然空海一时屈服于守敏的计谋，不过最终摆脱危机，并且显示了"让神仙显灵的法力"，这正好彰显了劝善惩恶的佛教思想。从始至终，守敏的做法都没有一丝可取之处。

不仅如此，在别的传说中，就连守敏的去世，都是因为他给空海下死咒，却没想到这个诅咒反噬到了自己的身上。话说空海听说守敏在诅咒自己，就派弟子去城里买送葬的物品，并且借机散布空海去世的假消息。听到这一消息的守敏，刚以为自己心想事成，就被空海反击过来的咒力击中，于是很快就一命呜呼了。

故事讲到这里已经非常清楚了。在这些流传下来的传说故事中，受到东寺的压迫而日益衰败的西寺，就连历史存在的合法性都被否认。当然，东寺逐渐摆脱掉了原有的"东边的寺庙"这个相对意义上的含义，作为名副其实的独立的教王护国寺一直繁荣至今。

正历元年的火灾烧掉了西寺的大半部分，虽然文觉上人[①]试图重建西寺，但未能如愿，在江户时代，西寺这个地方仅仅剩下一处被称为"守敏冢"的遗迹。现在在西寺趾石碑的附近有一个叫作西寺的寺庙，它原本叫作西方寺，只是将西寺的寺号给继承了下来。

----

① 平安时代末期到镰仓时代初期的武士及真言宗僧人。——译者注

神泉苑里祈雨之争的舞台

西寺已然了无踪迹，而西寺与东寺之间曾经存在过的罗城门，也变成了一座纪念碑。现如今单单听到东寺的名字就能想起西寺的人不多了吧。作为京都南部的标志性建筑，东寺极具盛名。而将西寺推下历史舞台的神泉苑，虽然在那场法力之争后变成了常常祈愿降雨的地方，但也逐渐地衰败下去，最终在江户时代的初期，并入了东寺的管辖之下。

京都の謎

第3章

为何天神成为学问之神

——京都特色的『怨灵』文化之谜

主要出场人物

⊙ 菅原道真

⊙ 藤原时平

⊙ 宇多天皇

⊙ 醍醐天皇

最有京都味道的京都生活

什么才是有京都味道的京都生活呢？如果把"穿在京都、吃在大阪"这句话付诸实践，那么把自己盛装打扮一番，就应该算是过了把当京都人的瘾了，奈何这样做实在是花费太大。再细细品读"穿在京都"，会发现这句话里隐藏着在京都要想追求穿着，平常就得粗茶淡饭凑合着过的含义，不过若是如此，也不是非得在京都才能体验到这种生活吧。而且，虽不能说完全没有这样的倾向，但京都城里的料理确实有些粗糙简陋，给人们的生活带来了诸多不便。

在此我想到了一个京都人心里最感同身受的事物，那就是虽说历史久远却至今被人们信奉着的"怨灵"的存在。跟这些"怨灵"朝夕相处的京都人的生活，应该算得上是最有京都味道的吧。出云①这个地方的民谣里有一句著名的歌词，意思是说请

---

① 出云是日本本洲岛中国山北部的城市。出云国是日本古代的令制国之一，属山阴道，又称云州。此地常在日本神话中出现，据传说有许多神灵居住于此。——编者注

来到出云的客人在离开之前一定要听一听当地被称为安来节①的民谣，对于在日常生活中跟"怨灵"们打交道的京都人来说，它们之于京都人就如同安来节民谣之于出云人，说起来都是一样的心情吧。

祭祀"怨灵"的神社，京都城里有二十五处。有个说法叫作"八所怨灵"，指的是从京都头号"怨灵"崇道天皇（即早良亲王）到菅原道真②，说起来赫赫有名的"怨灵"就有八个之多。只有八个"怨灵"，却建有二十五处神社，从这两个数字的对比中可以看出，想要镇住"怨灵"的亡魂是件非常困难的事。单用一个神社来祭祀一个"怨灵"的做法，应该是抵挡不了来自"怨灵"的力量吧。

在京都皇宫的南北方向各有一所神社，名字直截了当地就叫作御灵神社，前文中提到的左京区上高野的崇道神社同样也是御灵神社。另外，众所周知，以天满宫命名的神社都是祭祀菅原道真的神社，这一系列神社的发祥地当然是位于京都北野的天满宫。

因为天满宫遍布全国各地，并不会让人觉得是个稀奇的事情，所以看到这里，一定有读者会说，"怨灵"算不上是京都的特色吧。

不过，这个说法是不对的。天满宫的确是分布日本全国各地，而且都是祭祀菅原道真亡灵的场所，但要从祭祀菅原道真的活动在当地是如何深入人心这一点来看，怕是哪儿都没办法跟京都相比。

---

① 一种发源于出云国，后来在全国流行开来的地方民谣。——编者注

② 菅原道真，日本平安时代的学者，被日本人尊为"学问之神"。——编者注

上御灵神社

下御灵神社

京都的"御灵信仰"是希望平息冤死的亡灵，尽管"怨灵"们都是在朝廷的政治斗争中失败的那些人，不过"御灵信仰"在很早的时期开始就在京都市民的生活中扎下根来。原因何在呢？这是我们要探讨的一个话题。

另一个要探讨的是，"八所御灵"当中最有名的是祭祀菅原道真怨灵的神社，是什么原因才形成这样的局面呢？以上两点，作为本章的引子来说有点儿过长，不过这是我们这一章要讨论的主题所在。

京都独特的"怨灵信仰"文化

这世上有着太多无法颐养天年的现实。对于拿什么标准去判断一个人生命的长短，现代生活中有着太多的干扰因素导致标准混淆不清，很难去做一个评判。不过越是在古代越是简单明了，这个判断的标准就是政治。

在古代，若不想死于非命，首先就得远离政治。这是个非常有意思的话题，不过在此暂且不表，先接着刚才的话题谈下去。

之前的章节中提到了关于早良亲王的一些事迹，早良亲王因为被怀疑参与了藤原种继的暗杀计划而被废掉了皇太子之位，并被流放到淡路岛，但不幸在去淡路岛的途中便去世了。因为早良亲王对自己被废除皇太子之位的处分表示抗议，是绝食身亡，用医学的观念来看属于自杀的范畴，桓武天皇作为在政治斗争中获胜的一方，从法律层面上来讲是没有任何责任的。

然而，问题正在于此。如果是桓武天皇亲自动手杀了早良亲王的话，那么早良亲王的"亡灵"也许就不会变成"怨灵"。换句话说，如果是在涉及政治斗争之前，在一对一的对决当中被对方所杀，就属于正常死亡的范围了。也许这听起来更像是个悖论，但是桓武天皇并不是只靠一己之力杀害了亲王，而是用了并不光明磊落的方法，也就是说用政治斗争的方式间接导致了亲王的死亡。在这一点上需要追究桓武天皇的责任。

而且，桓武天皇采取的做法又显然是个错误的政治行为。既然已经断定亲王参与了暗杀，是邪恶的存在，那么亲王及其相关的所有东西都应该受到处罚，并且不让其有东山再起的机会。然而，桓武天皇回避了这一问题，只是剥夺了亲王的皇太子之位，将其发配流放，这种做法只是停留在象征性的处罚层面。

因为早良亲王死于非正常的政治斗争，所以这就决定了亲王死后会成为"怨灵"出来"作祟"。这之后伊予亲王①及他的母亲藤原吉子因被怀疑谋反遭到幽禁，最终二人自杀身亡。从他们母子俩开始，橘逸势、文室宫田麻吕、藤原广嗣、吉备真备以及菅原道真，"八所御灵"中包含的所有的所谓"怨灵"，都是死于政治斗争。

不过，并不是只有这些死于最高政治舞台斗争中的人的"怨灵"才会让人觉得不寒而栗。为了采取明确的手段来对付对"亡灵"的恐惧，就需要像平安京这样的城市将各种信息汇集起来进行系统化。如果能断定是由谁的"怨灵"带来的复仇，那么活着的人采取的防御手段就能够更有的放矢，更见成效。也只有做到了这一点，"御灵信仰"才有可能真正实现"镇魂"的效果。如果信息零零散散，那么就算知道了"怨灵"在"作祟"，也完全推测不出究竟是谁的"怨灵"，也就无从"镇魂"。这样"怨灵信仰"也就会不复存在了。

---

①　桓武天皇的第三皇子。——译者注

在恐惧和痛苦的时候通过祭祀来消解

9世纪的上半叶，正是"怨灵信仰"在京都大行其道的时期。瘟疫的流行，给城市生活带来了致命的打击，京都的人们被折磨得痛苦不堪。据说那时候流行过类似流行性感冒那样的传染病，麻风病带来的危害也非常严重。

京都人心想"为何非要如此折磨我们这些活着的人？"，最终他们一致认为，一定是以早良亲王为首的那些遭到流放的政治家们的"怨灵"作祟，才给人们带来了这些苦难。

和那些在斗争中打了胜仗的政治家们相比，抢先行动起来的是京都的市民们，不止如此，他们开始自掏腰包来做一些安抚"怨灵"的法事，以试图消抵"怨灵"降到自己身上的灾难。京都人的做法，倒是个非常值得玩味的事情。

要是把这种做法理解为是在沉默中向朝廷追责，那么京都人未免做得过于完美，反而会弄得适得其反吧。京都人好像并没有想过，他们这些跟宫廷斗争完全扯不上半点关系的人遭到"怨灵诅咒"的事情本身就是不可能的事情。他们跟那些爱说大话，自称从来都不记仇的现代人不同，那时候的人们都是遵循着一心向善的伦理道德活在这个世上。

无论如何，京都的"御灵信仰"是先从市民中间发起的，这就迫使朝廷需要对"政治跟百姓无关"这一惯有的常识做出某些修正。

贞观五年（863年），在此之前朝廷对京都市民们自发举行的御灵会一直态度冷淡，甚至还曾经把这些法事作为传播流言蜚语的行为进行过取缔，不过从这一年起，朝廷也开始主办大规模的御灵会了。御灵会的地点当然是设在神泉苑，左右近卫中将这种高职位的武官被派来负责御灵会的运营指挥工作，由此可见，朝廷也开始认真对待御灵会了。

职业政治家的藤原氏轻易打败了官场菜鸟的道真

问题出现在贞观五年。这一年，在"八所御灵"中按时间顺序位列最后，并且也是复仇最猛烈的"怨灵"——菅原道真还活在世上，当时他还是个血气方刚的十九岁少年。

从这一年到延喜三年（903 年）道真在九州的大宰府死去为止，这期间正好是藤原一族独揽政权和朝廷开始大兴御灵会的平行时期。从这一点上来看，我觉得道真的命运是藤原氏设下的一个局。当然道真是被强行推上了主角的位子，而"御灵信仰"正是这出戏的历史舞台。

菅原一族中被世人熟知的就只有道真一人，这个氏族原本姓土师，从道真往上数三代，道真的太祖辈经官家允许改姓为菅原。虽说菅原家成为贵族也有了些年头，并且世代都出学者，在学术上颇有成就，不过在政治上却谈不上是有势力的家族。相反，藤原一族却政治人才辈出，先后有良房、基经、时平这些办事果敢、有魄力的政治家，他们一步步地巩固了藤原一族在朝廷的地位。道真跟藤原氏的对抗，从一开始就注定了力量不对等。

不过，宇多天皇①想方设法想要改变藤原氏在朝廷中一手遮天的局面，他重用道真担任右大臣，以牵制左大臣时平的势力。

---

① 宇多天皇（867~931），日本第 59 代天皇，887~897 年在位。——编者注

在宇多天皇让位给醍醐天皇[1]之后，也依然延续左右大臣联合执政的模式。藤原氏对此当然是极不情愿。

时平和道真注定是分道扬镳的命运。时平只要一天不把道真挤出朝廷，不打破联合执政的状态，藤原一族好不容易扩张开来的势力就会面临土崩瓦解。而作为朝廷学院派领头人的道真，一边维持着联合执政的现状，一边心怀实现律令政治的梦想。不过，作为新兴势力的藤原氏，决心势必要打破朝廷的现状。

当时，醍醐天皇为了巩固自己的新政权而倚重藤原一族的势力，时平在得知道真准备推翻以自己为主导的新政权后，立刻就对道真下了手。道真旋即遭到流放，被贬到大宰府担任大宰权帅[2]。之后道真在任职大宰府期间去世。

道真给世人留下的印象，是他生不逢时，一直受到专横的藤原氏的压制，不过具体说来藤原氏也没有做得太过分。道真并没有因为企图推翻新政权而被判刑入狱。虽然左迁之事属实，然而大宰权帅仍然算得上是高级地方官员。对于不善于耍政治手腕的道真来说，怕是连这个工作他都不一定能胜任。

据传说，然而即便如此，道真的"怨灵"仍然展开了让人毛骨悚然的复仇。道真的"怨灵"跟他之前的"怨灵"都不一样，因为道真的"怨灵"专门在藤原一族以及与醍醐天皇有关系的人身上"作祟"。在他去世后第二十年，皇太子保明亲王年纪轻轻就去世了，这件事情被认为是道真"怨灵复仇"的开端。其实在比这件事更早的时候，当时时平还活着，就曾经有传言说道真的"怨灵"化为天雷，在皇居清凉殿袭击过时平。而豪

---

[1] 醍醐天皇（885~930），日本第 60 代天皇，897~930 年在位。——编者注

[2] 大宰府是公元 7 世纪后半叶设立于日本九州筑前国的地方行政机关，大宰府最高长官大宰帅的代理官职，又称大宰员外帅。——译者注

放的时平拔出太刀面向天雷，大声呵斥道："作为右大臣，你位居我之下，岂有以下犯上之理！"化为天雷的"怨灵"听到此话便隐退而去。后来，时平在三十九岁的时候病逝，虽说藤原一族最终衰败也被当时的人认为是道真的"怨灵作祟"的结果，不过，从刚才的故事里可以看出，处于势力上升期的贵族丝毫不惧怕什么"怨灵"，而之后到了藤原道长的势力全盛时期，贵族精神反而变得不堪一击，这倒是个让人更饶有兴趣的话题。

御所清凉殿

后来又发生了年仅五岁的皇太孙命归西天一事，让当时的人们确信道真"怨灵"的复仇开始变本加厉了，延长八年（930年）六月的御所清凉殿落雷事件更是将相关人员打入了恐惧的深渊。那一年雨水稀少，朝廷的高官们聚集在清凉殿商议降雨的对策，此时突然遇上落雷，导致数人当场触电身亡。毫无疑问，这件事被认为是道真的"怨灵"干的。道真的"怨灵"抓住官僚们召开抗旱会议的时机落雷降灾，让人不由得觉得道真的"怨灵"对于复仇一事做了周密的计划，而且复仇的对象具有非常明确的针对性。

醍醐天皇为此深受打击一病不起，三个月之后驾崩。道真的复仇到此理应算是结束了，不过谁也不信连天皇都敢诅咒杀害的"怨灵"会就此住手。是时候得认真考虑该如何应对道真的"怨灵"了。

从雷神到学问之神的形象转变

故事讲到这里，就该北野神社登场了。这个神社原本是为了祈祷农业丰收而建的。人们往神坛上献上圣牛，祈祷天神雷公保佑一年到头风调雨顺。在跟道真的"怨灵"扯上关系之前，北野神社的历史就是这样。

当时的人们已经开始一点点地对供奉圣牛以及对天神雷公的看法发生了变化。比起天神雷公原有的普降甘霖、恩泽众生的形象，人们开始更强烈地意识到，天神雷公动不动就会引发火灾涂炭生灵。这种观念的转变跟京都都市化进程的不断推进，人们渐渐地脱离农业不无关系。

人们对北野神社的信仰发生了变化，这也使得北野神社很快就接纳了化身为天雷、凶猛残暴的菅原道真的"怨灵"。天历元年（947年），北野神社正式成为祭祀菅原道真的神社，命名为北野天满宫。

接下来，藤原一族为达到自身目的，在祭祀道真一事上唱了一出好戏。作为道真"怨灵"最直接的打击对象，藤原一族自然是对北野神社的运营给予了不遗余力的援助。要想平息道真的"怨灵"，藤原一族就非这样做不可。在斗争中获胜的一方告慰死去一方的"怨灵"，既是"御灵信仰"的原则所在，而且藤原一族也肯定认为只要好好地按照这个原则去做，还会收到保证自己永远占有胜利果实的成效吧。

北野天满宫

不过，无论藤原一族如何祭祀，却有一处麻烦始终存在，那就是道真的"怨灵"总是化身为天雷出现。一到夏天就雷声不断，不分场所地到处落雷，人们把所有的落雷都说成是道真的"怨灵"在诅咒藤原一族，这可就真的让藤原一族难以继续忍受下去了。

藤原一族慢慢地意识到必须要将道真"怨灵"的形象跟天雷剥离开来。当时正好是做学问、写文章这些曾经被贵族独占的特权向都市市民普及的阶段，因此朝廷采取了大力宣传道真曾经是文章博士①的策略。毫无疑问这个策略是藤原一族想出来的，不过对于北野神社而言，比起将道真视为灾祸之源来祭祀，

---

① 文章博士是日本特有的官职，由菅原和大江两家世袭。——编者注

当然是把他尊为能助学业有成的福神会再好不过。

道真"怨灵"的形象转换取得了非常大的成功。道真从人人惧怕的天雷，变成了能保佑普通人获得学识教养的学问之神，这一新的形象很快就从京都向全国传播开去。

现在，道真的"怨灵"被继续尊为学问之神，过着他作为亡灵的第二人生。一到入学考试的时节，参加考试的学子们就会奔到祭祀道真的神社去祈祷金榜题名。不过正是这个道真，生前从学术界一跃成为政界精英，最终却是落了个遭人排挤的下场，去求他庇佑的人真的不会在意这些吗？也许人们也觉得这种事不算吉利，不过又有谁会去较真儿呢？

道真出生的日子、被流放到大宰府的日子以及他去世的日子，都是二十五号，因此北野神社的庙会被定在了每月的二十五号。东寺的"弘法市集"是每月的二十一号，这两天寺庙里会临时摆出各种卖货的摊子，京都市民们光看不买，边走边逛地凑热闹，享受节日的乐趣。若是赶上哪个月二十一号下雨，二十五号天晴，人们会打趣着说道"这个月是天神赢了呢！"

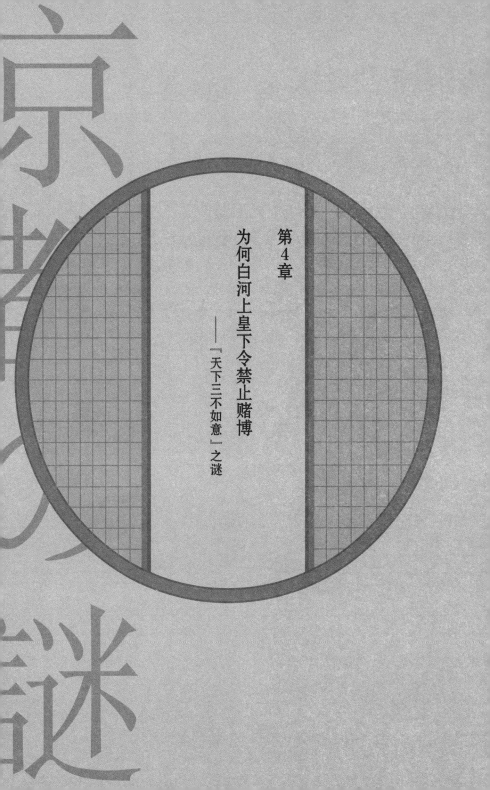

第 4 章

为何白河上皇下令禁止赌博

——「天下三不如意」之谜

上皇执掌的院政是不合常规的一种政治形态

作为京都的头号老大，白河上皇①下定决心要禁止赌博，但禁赌一事却推进得并不顺利。白河上皇曾经说过这样一句名言，"天下有三大不如意之事，即双陆的赌局、鸭川的水和僧兵的强权。"②

除此之外，白河上皇肯定也还有过很多别的难事，不过为何他会特意将这三件事情选出来单说呢？

那就让我们从白河上皇开启的不合规则的政治形态——"院政"的本质出发来考虑看一看。

所谓院政，是将原本属于天皇的权威移交到上皇的手中，

---

① 白河上皇（1053~1129），日本第 72 代天皇，1073~1087 年在位。他是日本历史上第一位实行院政的法皇（退位后的天皇称上皇，上皇出家称法皇）。院政制度最终导致平、源两大武士集团的崛起。他也是平安时代后期政治混乱的始作俑者。——编者注

② "双陆"为古代的一种赌博用具，当时在日本民间十分流行，且久禁不绝。"僧兵的强权"，指延历寺的僧兵。——编者注

由上皇操纵国政的政治形态，打个比喻来说，就是要让皇权这趟列车，不走正常的主干道，而绕到支线上行驶一样。白河、鸟羽、后白河这三代上皇执政的期间在历史上就被称为院政时代。再举个例子来说，我们知道函数中因为有"A"才有"A'"的这种便利的思考方法吧，"A'"是"A"的变形，或者也可以说是"A"的亚种，始终保持着先有"A"再有"A'"的顺序。

然而，若是说这种顺序也有逆转的可能，那便是指天皇代表的朝廷和上皇代表的院之间的关系了。朝廷的实权，最初被藤原一族的摄关政治所控，后来是源氏与平氏的武家政治当道，院政则是为了与这两种政治形态对抗而产生的。后来，后鸟羽上皇为了彻底打倒武家政治，举兵讨伐却惨遭失败（史称承久之变）。承久之变之后，后鸟羽天皇被流放至隐岐，朝廷和院政也随之都失去了对国家权力的控制。院政"A'"一旦失败，朝廷"A"也跟着不行，这是一个两者关系发生逆转的例子。

三十三间堂里供奉1001座观音佛像的原因

提起"院政"，很多人都会感觉摸不着头脑，其实现在的京都人也是一样弄不明白。京都人常常用老熟人的口吻，将"后白河上皇"①称为"后白河先生"，我想这个称呼里蕴含的意味更像是称他为"天皇的父亲"，而并没有丝毫涉及院政这个政治体制的深意。不过对于京都人而言，院政时代也正好是市民们在

① 后白河上皇（1127~1192），日本第77代天皇，1155~1158年在位。他是日本院政时代最后一个握有实权的法皇，治世长达37年，日本古典名著《平氏物语》就是讲述他当法皇时的故事。他去世后，日本便进入幕府时期。——编者注

京都扎下根来的时期，是京都庶民史的开端。这一点倒是与院政的性质不无关系。

三十三间堂的1001尊千手观音像

以前的东京人，经常会使用"自关东大地震以来"这样的说法，我想这跟京都人口中的"后白河先生"的说法在语感上有些类似之处。

另外还有一个原因，那就是京都城里几乎没有什么被保存下来的有历史考据的遗迹，能让人睹物追忆院政时代。唯一只有一间莲华王院（即三十三间堂）被保存了下来，然而这个建筑也并不是建造当初的文物，而是在文永三年（1266年）被重新建造的。

不过，即便如此也没什么关系。让我们就从三十三间堂中供奉的1001座观音像开始思考一下看看。

将一千个同样的事物摆在一起供人观看的想法，到底该怎样给它下个定义才好呢？先把费用的问题撇开不谈，三十三间堂最初是后白河法皇任命平清盛[①]负责修建的，问题是为什么非要供奉上千座佛像不可呢？

若想解答这个疑问，我觉得尽可能从单纯的角度，就事论事地去考虑会更好。

也就是说，"千"这个数字仅仅意味着"很多"，代表着越多越好的意思罢了。

我们姑且先来对这个孩子气的想法表示一下嗤之以鼻。修建佛像，将佛像供奉在寺庙里，以祈求神灵的保佑，这件事情并不会因为佛像修得越精巧，摆的佛像数目越多，祈祷就会越见成效。请求神灵庇护的心愿在当时民众祈祷者的心里，而并不是存在于佛像当中，因此按这个道理来说，就算只供奉一座佛像也应该完全没问题才对。

另外，在佛像越多越好的这个理念当中，肯定还包含着供奉一尊佛像远远不够的意思。反过来说，也就是一尊佛像不足以独当一面，因为它的能力小于1，那么将一千座佛像集中起来供奉，也是不得已而为之的事情了。

不过这种想法确实显得过于幼稚。这么说来，佛堂被建成三十三间，大概也是因为越长越好，才会弄成这个形状的吧。三十三间的"间"，指的是柱子与柱子之间被隔断为三十三个空间，而这三十三个房间的长度经测量为六十六"间"[②]，换算成现在的长度单位足足有一百二十米左右。

新颖奇特的想法赋予院政生命力

不过，并不是只有我们这些现代人才对上皇的院政提出了

---

① 平清盛（1118~1181），平安时代末期权臣，日本历史上首个军事独裁者，也是武家政权的鼻祖。——编者注

② "间"在日本古代也是表示长度的单位，1间约等于1.82米。——译者注

批判的意见，其实当时的舆论也已然如是。制造这些舆论的当然是那些由于院政而导致自身利益遭受损害的贵族们，他们对院政有诸如"不尊重法令、完全依据上皇个人的喜好、随意任命自己中意的官僚"，或是"现如今做任何事情都需要看上皇的脸色行事"之类的不满。

让这些贵族们愤愤不平的是，上皇对他们历来遵从的"秩序""法理"或是"该遵循的常识"都统统采取了视而不见的态度。作为贵族、寺庙以及神社的经济基础存在的各地庄园的实际权益，被那些在庄园所在地任职的政务官员国守们（国司四等官——中级贵族）贪污侵吞。而上皇正是因为支持这种倾向，院政才得到了来自地方力量的支持而得以成立。这一点正是贵族们批判院政的核心所在。

上层贵族们与强势的寺庙神社以及上皇所代表的"院"之间的对立，虽然在于经济问题，然而两者之间的争斗却放在了该以什么样的形态来遵奉"法理与常规"之上，这使得争斗的规模不断变大，甚至涉及对美的意识形态、价值观的差异等诸多问题上。在民众对佛教的信仰中，"越多越好"这种乍一看会让人觉得反常古怪、难以理解的想法也被体现了出来。

与"多"相辅相成的当然是"大""高"之类的想法。

京都的冈崎这个区域，现在是包含了图书馆、美术馆、京都会馆以及动物园等设施的文化区，而它的前身却是白河上皇在即将开始推行院政之时所建造的法胜寺的遗址。

现在这个地方只剩下一块石碑立在那里彰显着它曾经的历史，不过法胜寺曾经的确非常宏伟壮观。

此地的南半部分有一个池塘，池塘中间的岛上立着一座呈八边形的九层塔，大约有50米那么高。

东寺的塔有56.7米高，而在法胜寺里，却耸立着一座以东山为背景、和东寺的塔差不多同样高度的塔。

这个高度自不必说，光论它的八边形九重高的造型就实在是够新颖奇特。

这种打破先例、无视常识的新颖奇特的想法，正是白河上皇开启的院政的生命力所在。从三十三间堂以及已经销声匿迹的法胜寺这些建筑当中体现出来的"多、大、广、高"的特点，与其说它们是院政的表现形式，不如赋予它们更积极的意义，将它们视为院政对抗外界的武器。它们向贵族们惯有的保守价值观、宗教观发起了挑战，使得贵族们开始心神不宁乱了阵脚。

因此，我觉得大家会很容易理解我接下来要做出的这个结论，那就是后白河上皇所建的三十三间堂和在佛堂供奉的 1001 座佛像，以及法胜寺，其实都是白河上皇"用艺术进行的暴力斗争"。

消灭"天下三不如意"是白河上皇许下的诺言

对于院政，尤其是白河上皇所实施的院政，很多人应该都对它抱着非常含糊不清的印象吧。

朝廷的体制日益僵化，渐渐地到了推行不下去的地步。为了遏制当时贵族与寺庙神社擅自将皇室领地纳为自家庄园，也就是说，院政制度是为了在朝廷同贵族与寺庙神社的斗争当中谋取平衡而产生的，这就注定了院政会遭到贵族与寺庙神社势力的指责，认为它是跟正儿八经的政治背道而驰的一种政治形态。

不过要说到什么才是正儿八经的政治，这就又是个非常棘手的问题。为了论证的方便起见，在我看来，说了"鸭川的水，僧兵的强权，双陆的赌局，此乃天下三大不如意之事"的白河上皇的政治态度不管正确与否，这三件事都说在了点子上。

《源平盛衰记》里对白河上皇感叹"天下三不如意"一事有过记载。比叡山延历寺的僧兵们为了迫使朝廷答应他们的各种要求，曾经屡次将日吉神社的神舆①声势浩大地扛下山来游行，

---

① 供有神牌位的一种神社的轿子。——译者注

示威的队伍一直冲到了城里的大街上来。

去日吉神社看一看，会发现神社里放置着僧兵们游行示威的时候抬过的神舆，而且这个神舆的体积相当大。不仅是延历寺，奈良兴福寺的僧兵们也曾使用过这种强硬的游行手段，他们扛着游行的是在春日大社 ① 里供奉的神木。

当时的社会，正处于"怨灵"和"方位吉凶学"等观念左右着人们一切日常生活的时代。僧兵们扛着神舆或者神社里的神树来强行请愿，朝廷也只能是迫于压力屈从于他们。

日吉神社

---

① 春日大社是奈良市奈良公园内的一座神社，旧称为春日神社，于 768 年人们为了守护平城京及祈祷国家繁荣昌盛而建造。——编者注

僧兵游行时抬的神舆

　　哪怕上皇自己心里觉得"这都是些什么玩意儿！"并且有着想要把他们一脚踢开的气魄，他周围的人也是不会让他这样去做的。

　　院政的成立是建立在那些巨大的庄园领主，诸如延历寺、兴福寺的权益受损的基础之上，因此不用说我们也都知道，僧兵们通过游行示威提出的最主要的诉求，便是要求朝廷归还他们失去的权益。归根结底，只要院政存在就回避不了这个问题，上皇必须得自己亲自面对不可。

　　上皇的斗争精神，如果真的能够彻底到认为僧兵们"打着神灵的幌子游行示威算怎么回事！"那么问题倒是很好解决。

　　然而，这也正是院政作为非正常形态的皇权的悲哀，就算上皇能做到用八角九重塔让守旧的贵族们不知所措，也仍然不敢对那些所谓的"神灵加持的权威"予以否定。

为了击退那些激进的僧兵们，白河上皇决定将武士阶层引入历史的舞台。

迄今为止，武士这个阶层充其量也就只能做到下级官僚，白河上皇却做出了让武士直接隶属于"院"这一个划时代的举措。承德二年（1098 年），以源义家被恩准上殿面圣为开端，朝廷也接受了平正盛向"院"捐赠自家领地的请求。上皇将自己的宠妃赏给平正盛的儿子平忠盛一事，更是让贵族们惊讶到目瞪口呆。

不过，最终白河上皇做成功的事情也仅仅是对源氏和平氏两大武士集团的起用而已。

虽然武士阶层顺应上皇的期待迅速壮大，然而接下来他们却开始破坏上皇领导的院政，为所欲为地将自己的权力的支线任意延长，政治的舞台成了源平二氏相互争夺权力的主战场，从而开启了所谓的武家政治时代。

"天下三不如意"当中，只有僧兵强势游行这一个，是必须得由白河上皇自己来负责任的问题。

其他的两个问题却不一样，也就是说，"鸭川的水和双陆的赌局"并不是院政本身造成的问题。前者是由于京都是在湖底建造起来的都市这个地理属性，后者则是因为人类的赌博本能，换句话说，赌博的问题来自人类在社会生活中的本性。

这两个"不如意"常常容易给人们造成这样的错觉，认为它们是为了更鲜明地表达出上皇的慨叹，而跟僧兵的狂暴行径一起被列举出来的。

不过，事实并非如此。只有顺利地解决这两个问题，僧兵的难题才会迎刃而解。这些问题都是切实需要解决的重大问题。

京都盆地一带雨水丰富，在营造平安京的时候，原本在现在的堀川一带流淌着的鸭川被向东边迁移，后者进而与从八濑及大原方向流过来的高野川交汇，并且两条河流的交汇处被设在了上游地段。这两条河原本是各自按照自己的路线穿过平安京境内的，却被人为地合二为一，加上它们的交汇点设在上游，因此即便只是进行单纯地计算，也能看出此举让京都遭遇洪水的危险系数增大了两倍。

如果赶上大雨持续下上一段时间，河水立马泛滥成灾，尤其原本是鸭川流域的西京一带，几乎整个地被洪水淹没。京都人对这条匆忙赶造的人工河是怨声连连。

在洪水退去之后，京都人接下来需要面对的便是瘟疫的流行与城里感染瘟疫后的境况。于是人们深信这些灾难都是"怨灵作祟"，而且"怨灵"对京都的报复是越来越变本加厉了。

朝廷为治理洪水，新设了防鸭河使的职位来加强对堤防的维护，不过并未取得明显的效果。为了修建白河上皇的法胜寺，以及以此为中心的院的政府机关（白河院），周边的山林都遭到了严重砍伐，这又使得洪水灾害的后果愈加严重。

再来谈另外一个关于赌博的问题。这种掷色子按点数行棋，被称为双陆的棋盘游戏本身是比较新兴的游戏，后来发展成为一种广泛的赌博，但它的历史与京都的悠久历史无法相提并论。

在大正时代的无政府主义者大杉荣[①]所著的以"赌博本能论"为题的文章中，曾经讲到过漂流到荒岛上的两个男人，他们之间的交流活动就是从赌博开始的。

就算是那些将首都牵引至京都来的秦氏的族人们，当年也

---

① 大杉荣（1885~1923），日本无政府主义者，思想家、作家、社会运动家。——编者注

肯定在是否能抓到暗杀藤原种继的犯人这事上下过赌注吧。

　　一般而言，建立朝廷或开设政府，并且去运营这些政治机构，这一类的事情本身就颇具有赌博的性质。当权者想要自己做得冠冕堂皇，却禁止他人仿效的做法，倒是和赌博时"见好就收"的手法十分相似，当然操纵政治跟掷色子相比，需要更专注，更沉得住气。

　　即便是住在京都的人们，也同样无从逃避人类热衷赌博的本性，而且城市的生活方式又为赌博的发展提供了便利的环境。

　　虽说西市由于浸水问题而日渐萧条，不过在繁荣的东市，到处都可以看到整天沉湎于双陆赌场的人们的身影吧。这些热衷赌博的市民，自然就不会是老实听话的善类，当时的京都城可以称得上是一个巨大的犯罪温床。

"天下三不如意"之一的鸭川之水

　　接连不断的洪水与瘟疫使得那些饱受病痛折磨的京都人开始靠赌博来讨生活，这就进一步加快了京都一蹶不振的步伐。

检非违使（相当于现在的日本警视厅总监的职位，是日本警视厅的最高长官）发布了不计其数禁止赌博的命令，然而这些举措反倒起了使人们更迷恋赌博的反面效果。

治水和治安——如果当政者真的能够对这两大问题拿出卓有成效的对策，那么也算得上是合格的当政者了。

作为下决心要执行"院政"这种不合常规的政治形态的白河上皇，更加需要向人们展示出自己决心解决这些难题的态度。

只有让天下人明白"不管是朝廷的体制，还是庄园领地的户主——摄关家①和寺庙神社，他们没办法解决的事情，我领导的院政都能解决"，院政这种形式才能真正得到天下人的认可。至于"天下三不如意"，与其把它当作上皇发出的慨叹，不如说它是上皇向天下人许下的"我来解决这些不如意之事"的诺言。

虽然上皇许下的诺言最终并没有实现，不过这三个约定让京都人感到上皇代表的"院"是要来为他们这些百姓解决实际难题的政治机构，因此京都的庶民们将白河上皇亲切地称为"白河先生"或"后白河先生"，在这些亲昵的称呼里，隐含着京都人对上皇的院政的认可吧。

---

① 摄关家是藤原北家嫡系的五族，分为近卫、九条、一条、二条和鹰司，五家大致形成于镰仓时期，这五家垄断了公家社会的最高官职：摄政与关白，因此并称"五摄家"。——编者注

第 5 章

为何《平家物语》中称平清盛是私生子

——平氏一族急速的权势扩张之谜

200m N
4

阪急京都線 河原町駅
富 麩 御
小 屋 幸
路 町 町
通 通 通

四条通

祇園

八坂
神社

円山公園

忠盛灯籠

祇園女御塚

長楽寺

将軍塚

祇
園
四
条
駅

大
和
大
路
通

建仁寺

高台寺

霊山観音

安井金比羅宮

京
阪
本
線

河
原
町
通

松原通

六道珍皇寺

八坂の塔

霊山歴史館

清水道

六波羅蜜寺

東山区役所

清
水
五
条
駅

若宮八幡宮

東山警察署

清水坂

地主神社

五条坂

清水寺

川
端
通

五条通

大谷本廟

高
瀬
川

鴨
川

方広寺

豊国神社

東
大
路
通

妙法院

渋谷通

京都国立博物館

京都女子大学

七条通

七
条
駅

法住寺殿趾

智積院

三十三間堂

JR琵琶湖線

平清盛到底是不是白河上皇的私生子

平清盛是白河上皇的私生子的这个说法，由于《平家物语》而为世人所熟知。

自从听不到琵琶法师们弹奏的"平曲"①之后，人们只能从书籍当中去寻找那些讲述平氏一族兴亡的故事了。我想，将平清盛这个人物形象传达给当今日本人的，比起《平家物语》，倒不如说是那些流传下来的各种各样的民谣和电视剧《太平记》的影响更大吧。

在代代相传的故事里，我想，仔细查查平清盛是白河上皇的私生子这个说法到底是怎么一回事儿，一定会是件很有趣的事儿。

我们可以对此事进行一些大概的推测。平清盛历来是个大坏人的形象，尤其是明治时期以后更是如此。大众文化的现状

---

① 平曲，即平家琵琶曲，兴起于江户末期，最初由名叫生佛的盲人讲述《平家物语》，后世模仿生佛的声调而形成了平曲。——编者注

是无论如何都只听得进歌颂源义经 ① 和忠臣大石良雄 ② 的好话，平清盛和吉良上野介这种人就只有当坏人的份儿了。

不过，对源义经的死该负责任的当然是源赖朝，尽管这几个人物当中最先死去的平清盛对义经的死概不知晓，然而由于历史上对源赖朝的记录留下来的并不太多，因此连原本该源赖朝负的责任都被算到了平清盛的头上。

就算单拿他幽禁后白河法皇，尽家族全力来垄断政权这些事情来说，就已然是让人们觉得不可饶恕，若是明确知道了平清盛就是白河上皇的私生子，那后果也许会更不堪设想吧。绝不能让"那家伙虽说是个坏人，不过他若是天皇的私生子，也还是会得到宽恕"这样的事情出现。因此，就如同人们心里做好了不能相信这种说法的思想准备一般，一定还得给平清盛再弄出一本别的家谱来。

赖山阳所著的《日本外史》中对此用了些巧妙的方法做了记载。受上皇宠爱的女性（左兵卫佐局）跟平忠盛之间产生了感情并且怀了孩子。上皇得知这件事情以后，便将这名女性赐给了平忠盛，并提出了这样的条件——"如果生的是女孩就给我，生的是男孩就给你"。

《日本外史》的主题一直讲到幕府末期及至近代，却并没有对平清盛是白河上皇私生子一说进行任何认真的研究。书中呈现出对《平家物语》并不是真实的历史这一点颇为挑剔的氛围，像私生子之类的说法不过是虚构出来的故事罢了，完全没有在书中大书一笔的必要。

---

① 源义经（1159~1189），日本传奇英雄，平安时代末期名将。他出身于河内源氏，是源赖信的后代。——编者注

② 大石良雄（1659~1703），又称藤原良雄，日本江户时代早期武士，以其忠诚为主复仇而闻名，被幕府称为"忠臣"的典范。——编者注

如果这真的是杜撰出来的故事，那么《平家物语》为何要做这样的构想呢？这倒是得好好地思考一下才是。

比起私生子这个说法真实与否，我觉得《平家物语》的这个构想，倒更像是一个巨大的谜团。

御殿之上，平忠盛因眼睛斜视而遭到嘲笑

六波罗这个地名，在历史上曾经非常有名。不过尽管如此，在现如今的京都，六波罗这个地方却感觉像是个"城中的孤岛"。也许是因为在它的西边有鸭川和京阪电车线，东边有东大路通，而它却被夹在这中间的缘故。另外，六波罗还是京都城里数一数二的花花世界，一般人就算心向往之，也不大好意思说出口来，人们心里的这种潜在的意识慢慢地蔓延开去，六波罗一带就越来越有些被孤立起来的迹象了。

这个地方原本是以在盂兰盆会上"招魂"而闻名的六道珍皇寺的地盘，而且还有一个将唱诵佛经弘扬开去的空也上人建造的六波罗蜜寺。六道珍皇寺和六波罗蜜寺都是深受普通老百姓信仰的寺庙，从位置上来看，是非常接地气的所在了。

平氏为何会选择这样的地方来作为其政权的官邸中心，其中缘由让人难以理解。不过，也许是因为平氏操纵政权是归功于院政的存在，而六波罗这个地方比起天皇住的皇宫，离后白河法皇的宫廷——法住寺殿（现在的三十三间堂一带）更近更方便的缘故吧。

据说此地最繁荣的时候，平氏一族建造的房屋就有五千多栋，而如今却是一点儿踪迹都找不到了。

不过，也不能说得这么绝对，其实还是有一处踪迹可寻的。

在六波罗寺里，至今还保存着一尊据说是平清盛的木头雕像。

这尊木像是一位光头的男性，双手持佛经，而且拿佛经的双手往右边倾斜得有些厉害。

如果要更准确地描述，这尊木像不仅手持佛经，而且是一副目不转睛、聚精会神地看着佛经的神态。

六波罗蜜寺的平清盛坐像

这么看来，木像的这个人物会不会有些斜视呢。

从未听说过平清盛有一只眼睛不好或是有斜眼这样的毛病。因眼睛斜视而出名的，反倒是他的父亲平忠盛。

相传平忠盛还曾经因为斜眼蒙受过耻辱，《平家物语》的第一卷"祇园精舍"的第二节"殿上闇讨"中对此有过记载。

平忠盛深受白河上皇的恩宠，并最终在鸟羽上皇执掌院政的时候，获准得到了去御所的清凉殿上殿的机会。朝臣们对武士这种下等身份的人也能登殿一事表示极为愤慨，并企图暗杀平忠盛。

平忠盛在得知他们的暗杀计划以后，故意腰佩太刀上殿，还带来了全副武装的家臣。

看到这个场面，朝臣们心里害怕，暗杀平忠盛的计划只好暂时作罢，不过他们把这份遗憾一股脑儿地全都发泄在了宴席上。朝臣们用谐音梗儿将宴会上宫廷乐人演唱的歌词换成嘲弄忠盛的歌儿来唱。其中有一句"伊势瓶子只配装醋"，用来暗讽跟平忠盛关系深厚的伊势国出产的瓶子算不上什么高级的容器，只不过是拿来装醋的工具。而日语里"装醋的瓶子"跟"斜眼"这个词发音一样，朝臣们正是拿这个谐音梗儿来捉弄平忠盛。

受到群臣嘲弄的平忠盛最终按捺不住，中途从宴席逃了出去，这就坏了大事儿。在上皇莅临的宴会上被人当傻瓜捉弄，而他却连随身佩戴的太刀拔都没有拔（事实上是在木刀上贴上银纸冒充的太刀），就不堪屈辱逃之夭夭，从这一点就不难察觉到，在平氏从武士到贵族的进程中已然有了最终灭亡的前兆。

观察六波罗蜜寺的平清盛木像时（接下来的这段话请带着轻松的心情去读），我会不由自主地觉得清盛是白河上皇的私生子这个说法站不住脚。因为就连清盛的这尊木像，都似乎在等着你看的时候发出这样的感叹："就是那个眼睛周围，嗯，那个眼睛看起来有点儿奇怪的感觉，简直跟他父亲一模一样嘛！"

原本，很久以来人们都没有弄清楚这个木像是以谁为模型制成的，虽然到最后才终于确定是平清盛，不过我想这也是第二次世界大战结束之后才弄明白的事了。

由此看来，这尊木像也不排除是平清盛的父亲平忠盛的可能，木像的存在终究不能成为否定平清盛是私生子一说的决定性证据吧。

雨夜，映在祇园神社里的黑影

说起那位怀孕之后生下平清盛的女子，她为什么会被白河上皇赐给平忠盛，祇园里的神社（八坂神社）便是发生这个故事的历史舞台。

祇园神社的附近曾经住着一位后来被称为祇园女御的女子，但当时白河上皇是避开众人，偷偷地来此地与她相会。

在一个下着雨的夜晚，白河上皇穿过祇园境内的时候，祇园里突然出现了一个发出奇怪光线的"鬼影"。上皇大惊，以为是鬼怪出没，命令跟在身边当随从的平忠盛赶紧去杀死鬼怪，然而镇定的忠盛却看清了那个"鬼影"只不过是为了给神社内的石灯笼点火而在四处走动的御堂的法师。法师头顶上戴的斗笠沾了雨滴，被点火用的火光一照，发出了惨白的光。

据说因为此次虽然遭遇危险，却没有做无谓的杀生就使事情得到了解决，上皇为了奖励平忠盛遇事沉着冷静，于是将自己宠爱的这位祇园的女子赐给了他。

被赐给平忠盛时这位女子已经怀孕，上皇于是吩咐忠盛："生子若是女就归我，若是男就归你。"也许大家会觉得上皇要女儿而不要儿子这事儿很难理解，不过以天皇为中心的贵族社会，只有作为现任天皇的儿子出生，生男孩儿才会是件喜事，除此之外，生了男孩也没什么好庆祝的。相反，若是生了女儿，成年后将其献于天皇，若是自己的女儿再生个男孩儿并且当上了下一任天皇，那么上皇自己就能成为未来天皇的外祖父了。

在离祇园神社正殿非常近的东南方向，有一座被称为"忠盛灯笼"的石灯笼。刚才讲的故事中的雨夜，神社的法师正好是要给这座石灯笼点火，结果点火用的火种高举起来照到自己脸上，被雨水淋湿了的老法师的脸一定是令人感到毛骨悚然吧，这才让上皇大惊失色，误以为是见到了鬼。

祇园神社的平忠盛石灯笼

虽然主人公先设下让人吓得尖叫的可怕的圈套，然后装作一副概不知晓的神情把一切都搞定，最终抱得美人归的故事经常会有所耳闻，不过谁都不会觉得平忠盛会去干这样的事情。不过话说回来，平忠盛最开始显露出英勇善战的光环，是在消灭海盗一事上，却有传闻说他抓捕回京的七十个海盗其实都是他自己的手下。也就是说，他找自己人做托儿来假扮俘虏。平忠盛这个男人，还真是不能大意。

这些姑且不谈，最终那位女子生下来的是个男孩，这算是个幸运事儿。要是生的是个女孩的话，就肯定得被上皇带走。

被称为祇园女御的女子是真实存在的人物。虽说并没有被正式封为"女御"（被册封的天皇的妃子），但她受到白河上皇的宠爱，还被称为"白河殿"。

祇园女御墓

然而历史上的这位女子，并没有被赐给平忠盛，而且也没有生过孩子的记录。那么，生了平清盛的女子到底是谁呢？

对此有着好几种说法，其中听起来最靠谱的是那位女子是祇园女御的妹妹。这位妹妹和姐姐一起都被上皇宠爱，而妹妹在生下平清盛之后，过了三年便去世了，因此祇园女御担负起了养育平清盛的责任。

现在这个说法基本上可以说成为定论了。穿过祇园神社境内，从圆山公园的中央向右手方向往南走，在音乐堂入口的对面，能看到一个"祇园女御墓"。这个墓之所以建在此处，也许是因为女御和她的妹妹曾经住在这附近，那么这里也算得上是那位豪气冲天的人物平清盛的生命起源之地了。

为强调"私生子之说"而被加入的"慈心坊说"

有趣的是，《平家物语》里关于平清盛的出生还有另外一个说法，不过另外的这个说法基本上没有受到太大的关注。书中在"祇园女御"之前还有一个章节叫作"慈心坊"，记述了平清盛是慈慧僧正"转世"的说法。

这个说法自一开始就完全是编造出来的故事，并不是在探究事实的真相。不过，平清盛年仅十二岁便当上了兵卫佐，十八岁晋身为朝廷四品官员。作为武士来说，他的地位上升快得非同寻常，也使得清盛的身边有神秘的权威加持这样的理由有必要存在。平清盛晋身如此之快让人们都感到惊讶不已，有人开始质疑"这种事情如果不是贵族的话理应不被允许"，而鸟羽天皇却告示众人"平清盛身上继承的贵族的血统，不输给任何一个人"。

也许有人会认为将白河上皇私生子一说与慈慧僧正"转世"一说都记录下来，两者之间会有互相否定的嫌疑，然而情况并非如此。类似这种非凡人物是过去历史上实际存在的人物的转世之类的话，正是在强调这个人是极为罕见的存在，即使是这个人自己也想要这样相信吧。

若是只把白河上皇私生子的说法记录下来，反而会难以让人相信。因此，在书里特意加上慈慧僧正"转世"的说法来进行搭配，通过"转世说"来衬托出私生子一说更为引人注目。

对于平清盛自己是否知晓自己是天皇的私生子一事，还没有出现过对此有定论的历史资料。不过，从他由祇园女御抚养的这个成长环境来看，他本人应该知情，这样推断似乎也不是没有可能。

接下来要说到的一点正是平清盛的软肋。历史上有清和源氏和桓武平氏的说法，说明源氏和平氏都是古代皇族降为臣籍时被赐姓的贵族，自古以来源氏和平氏就承接的是天皇家的血脉，这应该是他们的骄傲吧。

不过，如果仅仅停留在骄傲自豪的意识阶段，那么就不会有什么问题。而平清盛，在知晓自己是天皇的子嗣之后，也一定马上认识到自己是个充满矛盾的存在这个现实吧。

逆流而上的鲑鱼的命运

平氏一族独揽政权的做法，和藤原一族曾经的做法其实如出一辙。平清盛先是将妻子的妹妹滋子嫁给后白河法皇做中宫，之后又将自己的女儿德子嫁给了滋子所生的高仓天皇，德子再生下了安德天皇，最终平清盛成了天皇的外祖父（参看第8章）。

不过，如果仅仅是用因为有过藤原氏这样的先例来解释平清盛的做法，那么这个解释总让人忍不住觉得有些说不通的地方。

我觉得法皇那边一定给平清盛递来了独揽政权的契机吧。当然这是一种心理战术，法皇知道平清盛清楚自己是天皇家的子嗣，于是便巧妙地刺激他的这种意识使其应战。

法皇用的这个策略，说不定是从平忠盛在宴席上被朝臣们奚落、落荒而逃的故事中得到的一些启示。

平忠盛带到宴席上的太刀其实是木头造的这事儿，事后才被人们知道。起初平忠盛由于带着太刀上殿一事饱受谴责，并且遭到了追查。他把太刀拿出来给追查他的人看，并且当面陈述这把太刀的刀身如大家所见其实是木头做的。

通过此事，平忠盛遇事慎重稳妥的态度受到认可，周围人对他的评价越来越高了。

不过，仔细想想这件事儿，就能明白平忠盛在与贵族们产生对立时，始终没有改变其作为武士的姿态。

而这对于后白河法皇而言，一定是让他感到甚为危险的。

平氏始终以武士的姿态跟贵族们唱对台戏本身是件好事，不过放任下去，保不准就会以同样的姿态来跟院政作对。因此，将武士阶层也变成贵族，这个宏大而又阴险的计划就此产生了。曾经被藤原氏玩弄于股掌间的婚姻政策，这次被"院"拿来反其道而用之，这就如同给平氏的行动踩上了一脚刹车。而且，法皇的这个策略成功了。

照这样看来，清盛是法皇的私生子这个说法，被拿来作为从白河上皇时期到后白河法皇时期推进的平氏融合政策的核心使用，算得上是平氏融合政策的迷你版吧。

我想，虽然围绕着私生子一说的争论以后也不会停止，不过我们也没有特别在意此事的必要。平氏一族就如同逆流而上要回到自己出生之地去的鲑鱼一样，当他们追溯到自己家族的历史与皇族有渊源，因此他们也回到了权力的中心——京都。虽然平氏一族最终出了个平清盛，而他们，也跟那些拼命逆流而上产卵后就奄奄一息的鲑鱼一样，平氏一族也为此用尽了他们全部的气力。

不管私生子之说是真是假，京都，从来都不会拒绝任何一个想来的人，这个事实一直不会改变。不过，京都也从不保证来的每个人都能以最初的昂扬状态再回到他们来时的地方去。这一点也是事实。

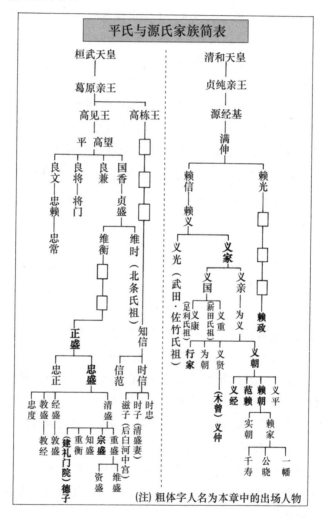

(注) 粗体字人名为本章中的出场人物

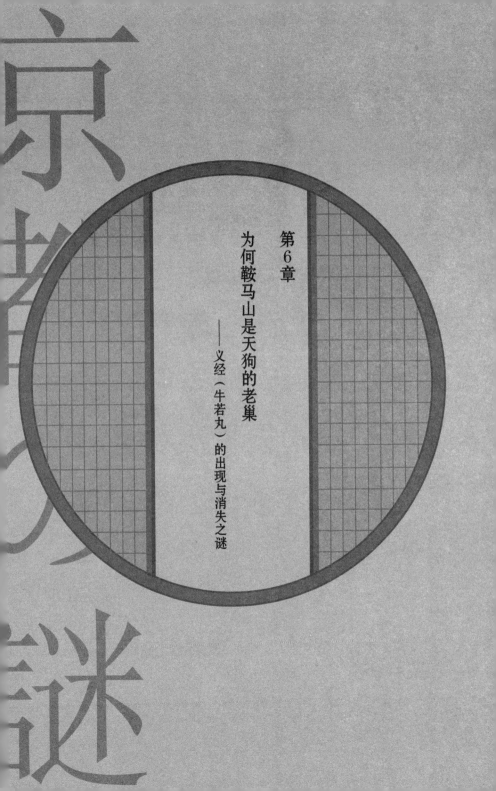

第6章

为何鞍马山是天狗的老巢

——义经（牛若丸）的出现与消失之谜

兵法石 この辺りですが、こちらで場所の確定は
困難ですので、確認お願いします。

鞍馬山

貴船神社●

奥の院魔王殿

鞍馬寺西門

兵法石

●**大杉権現**

貴船

義経堂

木の根道

鞍馬寺

栃喜久

毘沙門天

多宝塔

由岐神社

鞍馬山ケーブル

鞍馬山門

地蔵寺

貴船川

鞍馬駅

由岐神社御旅所

蛇谷橋

叡山電鉄

梅宮社

十王堂

梅宮橋

蛍岩

鞍馬川

竜王岳

貴船口駅

200m

N

主要出场人物

◎ 源义经

◎ 鞍马天狗

◎ 明救僧正

◎ 武藏坊弁庆

◎ 织田信长

鞍马天狗诞生在"恶之巢"里

提起鞍马天狗，大家都会想起大佛次郎的小说《鞍马天狗》里那位正义的剑客吧。

《鞍马天狗》里的剑客拥有超人的能力，他战胜坏人，引导世间走向了光明。这种表现手法，在之后出现的《黄金骷髅侠》《奥特曼》，以及更之后的《北斗神拳》等格斗类作品中都有呈现。

小说的主人公鞍马天狗（平时自称仓田典膳），人如其名，经常是神出鬼没。因为他是在讲述真实存在过的历史人物的电视剧里登场，因此举止行为不可能被演绎得太神乎其神，不过只要桂小五郎或是西乡隆盛①等人身陷绝境，鞍马天狗就一定会适时出现。

---

① 桂小五郎（木户孝允）、西乡隆盛与大久保利通并称为"明治维新三杰"。——编者注

他超出常人的活动能力以及坚持正义的品质，使得人们只要一想到鞍马山，便会觉得鞍马天狗就应该是小说里所描述的那样。

然而事实上所谓的鞍马山的天狗，与其说代表"正义"，不如说是"邪恶"，或是会带来"灾难"的形象，人们因为恐惧而唯恐避之不及。

天狗，原本并无好坏之分，是个中性的存在。然而尽管如此，只要是栖息在鞍马山的天狗，都被当作会给京都带来灾祸的存在，人们对它是又怕又恨。

从原有的让人闻风丧胆的天狗形象到后来"正义一方的鞍马天狗"的形象，如果把这个形象的转变进行反向地追溯，那么我们就得来面对"鞍马山对于京都而言具有何种意义"这样一个问题。

牛若丸也曾经在鞍马和贵船之间往来过

鞍马山并不是很高。海拔 570 米，与海拔 848 米的比叡山相比矮多了。不过，鞍马一带有着险峻的深谷，实在是非常适合传说中的妖怪——天狗居住的地方，而且这个地方养育出了两位战斗天才，那便是牛若丸（即源义经）与大佛次郎笔下《鞍马天狗》的主人公。

鞍马天狗同新选组[①]战斗过，虽然世人都知道这个名字只是个绰号，不过对于他究竟是哪个藩的武士，具体是干什么的，这些情况都一概无从知晓。

---

① 新选组是日本幕末时期一个亲幕府的武士组织，主要在京都活动，负责维持治安。——编者注

鞍马寺的鞍马火祭

　　这种虚构出来的跟权势作对的人物，而且用的是绰号而不是真名，如果要在外国作品中寻找与其类似的形象的话，我立刻就想到了《红花侠》①。虽然我并不太知道"红花侠"这个名字包含了什么样的含义，不过我只是把它拿来跟《鞍马天狗》做个比较，因此只要知道这个名字不是首都城区以外的某个地名就行了。

　　"红花侠"每每在夜里出没，以跟"恶魔们"决斗，其所在的那个都市的四周有着高高的围墙。"红花侠"并没有拘泥方位的必要，他只需在适合出现的地方以自己喜欢的方式出场便好，而且"红花侠"总是说来就来，突然地从天而降。因为人们完全无法预测他会从哪儿出现，这就使得传言中的红花侠显得更加地高深莫测，令人害怕。

---

　　① 《红花侠》(*The Scarlet Pimpernel*)，以历史和侦探题材闻名的英国小说。——译者注

与天马行空的红花侠不同,"鞍马天狗"和牛若丸却无论如何都要从鞍马山出场,其中的缘由何在呢?

从京都市内出发,先到达鞍马寺的山门,以前从这里需要一边喘气儿一边往上爬一个大陡坡,现在只需坐缆车就能一口气到达多宝塔了。

鞍马寺以国宝众多而闻名,不过这一点倒是跟我们今天要谈的内容没什么关系,只需知道它和东山的清水寺一起,是京都人祈祷福德信仰深厚的寺庙,记住这一点就可以了。

接下来就是从鞍马寺本堂的西北方向开始的一段比较难走的山道。从这里穿过僧正谷,就可以到达贵船神社,而小时候的牛若丸每天晚上也都会走这条路,在这条路上拜从鞍马大僧正坊,也就是传说中的"大天狗"修炼武艺。

这条路上的巨松遮天蔽日,其中有一个祭祀着巨大的树干根部的地方,叫作"大杉权现"。据说大天狗僧正①就是从这里降到地面,向牛若丸传授了武艺。此外,还有牛若丸比过身高的石头、深夜习武时喝过泉水的井、兵法石,等等,从鞍马到贵船的路上有着太多太多与天狗和牛若丸相关的民间故事。

前面是福德深厚、佛祖显灵的鞍马寺,而它的背后就是深山幽谷的魔山,那里栖息着令人恐惧的天狗们,这一前一后的情景,可真是鲜明的对比。

两者的鲜明对比使得人们更加信奉鞍马寺的"灵验"效力。而鞍马山中峡谷里的溪水是导致京都常年遭受水灾的鸭川的源头,这也是世人一提到鞍马天狗,就会闻风丧胆的最大原因所在。

---

① 僧正是管理全寺僧侣的最高级僧官。——译者注

天台座主明救僧正

天狗并不是日本本土的产物，它来自天竺，后途径中国来到了日本。换句话说，天狗原本是佛教中的事物，通过佛教的传播进入日本，而且时间稍稍晚了一点儿。

《今昔物语》中有一个章节对天狗从天竺来到日本，并选择比叡山作为栖息之地的情形做了如下的描述。

流淌的河水一路唱着涅槃经里的"诸行无常，是生灭法，生灭灭已，寂灭为乐"，从天竺来到了震旦（中国）。因为天狗背负着妨碍佛法施教的使命，当它看到这一幕便进行了深切地反省，认为一定是自己没有尽到职责，才会连河水都受佛祖感化习得了涅槃经，它决心切断河水的进路，就这样一路穷追不舍，最后跟踪到了比叡山。天狗心想"这下可终于被我找到了"，这时它碰上了一个小和尚，于是就问他为何比叡山里的小溪会诵佛经。

那位小和尚解释道，这条河的上游有一个德高望重的大方丈们用的厕所，也就是那种所谓的水洗便所，因为大方丈们时时都在念经，久而久之从那儿流过的溪水也就学会了。

天狗听了这番话，意识到自己完全不是佛祖的对手，于是销声匿迹，之后又变身为僧人，潜心修炼并最终成为了不起的僧正。传闻中第二十五代天台座主的明救僧正就是由这只天狗变身而来的。

也就是说，根据变身方式的不同，也会有天狗变成杰出人物的例子。

不过，传闻中的天狗的栖息方式，由栖息地的佛教是繁荣还是衰败来决定。以比叡山为例，就是一个佛教盛行到让天狗都改邪归正、放弃妨碍佛法念头的地方。

而鞍马，却与之恰恰相反。

《义经记》里对鞍马的深山是如何成为天狗们的聚居地一事的经过，有过明确的记载。

很久以前，僧正谷里有一个供奉贵船明神的贵船神社，因为信者众多，曾经是个很热闹的所在。然而最终到了末世，佛教的宣扬和神灵的灵验渐渐衰微，人们也陆续搬离了此地，最终只剩下天狗们盘踞在此。

当然，因为是讲述源义经生平的《义经记》，自然就背负着无论如何都得让主人公牛若丸从鞍马的山中出场的使命，因此单凭这一点，就更需要对鞍马为何成为让人闻风丧胆的天狗聚集地做一个合理的说明了。

贵船被民间供为水神，它控制着贵船川（属于鸭川的支流）的水，所以自古以来都是京都人敬畏的对象。

然而，来贵船神社祭拜的人居然慢慢地也没了，水神也不再显灵。我觉得倒是没有必要做统计调查来探究京都人是不是真的不再祭拜贵船明神了。鸭川屡屡发洪水，洪水过后的瘟疫让京都人死亡惨重，单看这个事实就应该是不言而喻了吧。

鞍马的妖魔鬼怪的世界，成为京都人的心里被撕扯开的一个空洞，而充斥在这个空洞里的，就是那些栖息于此的天狗们。

它们就如同钻到人的身体里面一般，从里面拿针去戳京都人的痛处。

当然，京都人也并不甘心束手待毙，他们使出了各种招数，试图将天狗堵在它们原本应该待着的地方，让它们不能出来祸害人间。

京都人采取的方法可谓多种多样，总而言之，就是要发动世人抵抗天狗，但凡天狗从它自己的地盘跑到城里或是村子里来，就一定会带来灾难。因为越是身份高贵的人遭到天狗的祸害，就越会起到告之民众的说服力，因此为了达到这一目的，《今昔物语》里甚至记载了纯属捏造的故事以达到警示作用。书中说藤原良房的女儿藤原明子，嫁给文德天皇为妃，生下了清和天皇，史称染殿后，而这位染殿后居然在众目睽睽之下和天狗抱在了一起，而且染殿后对天狗还甚为中意，天皇成了被人霸占了老婆的受人耻笑的男人。

当然，《今昔物语》事先埋下了伏笔，说藤原明子是被天狗乱了心智，导致精神异常。作者也用了"听说有过这样的故事"的口吻来回避事情的真假，没有直接触犯故事中的当事人，但这个故事进一步加深了人们对天狗的恐惧和憎恨。

比叡山与鞍马山都曾住过大天狗

就这样，鞍马成了京都人发泄对天狗的恐惧与憎恨的众矢之的。

人们对天狗的生物特性、天狗社会的内部结构以及幕后关系，各种真实的或是不存在的信息都进行了研究。弄清楚了天狗有大天狗、小天狗、鸦天狗以及木叶天狗等级别分类，还慢慢知道了只有在修验道的圣地才会出现大天狗，也就是说，大天狗只存在于鞍马山、比叡山、爱宕山、饭纲山、白峰山、大峰山、大山以及彦山这八个地方。

对天狗的研究逐渐明朗到了这一步，人们对二十五代天台座主明救僧正的前身其实是从印度来的天狗这个民间故事的理解，就有了一百八十度的转变。人们不再像以前一样，主张比叡山的僧侣是连天狗见了都甘愿诚服的德高望重的人，而是认定僧侣们的前身都是天狗，这也就为比叡山僧兵的凶恶行径找到了解释得通的依据。这种思想认识的转变，是京都人对比叡山僧兵们大摇大摆地抬着神舆冲到京都的朱雀大街上游行，在木曾义仲进攻京都时施以援手等恶劣行径恨之入骨的结果。

不过，虽说比叡山和鞍马山都是大天狗的根据地，两者之间却有着很明显的不同。简单地说，就是鞍马山住的都是真正的天狗，而比叡山住的倒不如说是打着天狗的旗号、模仿真天狗的"假天狗"。被推断为永仁四年（1296 年）制作而成的画卷《天狗草纸》，将寺庙势力的堕落傲慢行径比拟为天狗的所作所为并加以谴责，并列举出了七种天狗。它们是兴福寺、东大寺、延历寺、园城寺和东寺五大寺庙，以及山伏与遁世两个种类。把山伏也算作是天狗的种类，这也是没有办法的事。因为山伏原本就是人们想象中的天狗，天狗的形象刚开始的时候并没有被固定下来，现如今当我们提起天狗时脑子里立刻浮现出的那个形象，其实就是以山伏为原型的。

义经身边有很多野心勃勃的小天狗

义经的传说很多，若是论在日本跟谁有关联的历史遗迹最多，义经算得上是第一吧。以京都为例，除了鞍马山以外，京都北区的紫竹，这里有牛若丸诞生井和胞衣冢（埋葬胎儿的胎盘的墓），智惠光院今出川这个地方有据说是金壳吉次①宅邸遗

---

① 金壳吉次，日本平安时期奥州商人。——编者注

迹的首途八幡宫。据说义经就是从这里出发前往奥州①的。当时他从首途八幡宫出来，刚到此外，碰巧随从武士的马踩进泥潭，泥水正好飞溅到了义经的身上，义经一气之下杀了九名武士。虽说这就是"蹴上"这个地名的来历，却偏偏在此处设了个佛堂用来供奉名为"义经大日如来"的佛像。

在平治之乱中，父亲源义朝被杀害，年幼的年若丸到底是否被寄养到了鞍马寺，事实真假恐怕是无从考究了吧。

治承四年（1180年），源义经率兵如神兵天降般出现在其兄源赖朝指挥的黄濑川的阵地上（据说是现在的沼津市大冈黄濑川东岸一带），并最终在坛之浦消灭了平氏的军队。在此之后，义经又一次销声匿迹，只留下无数有关他的传说在世间流传。因为有关义经的事情有太多不为人知的部分，因此若是把在鞍马度过幼年期的牛若丸和突然出现在源赖朝面前的义经考虑成完全不相干的两个人，也似乎并不是完全没有可能。

不过，我想在平治之乱之后，有关跟源氏一族有关联的人就藏在鞍马山的风言风语，一定是已经四下传开了。至于传言中的这个人是不是源义朝的儿子其实并不那么重要，这个离京都不远，而且是处于让人闻风丧胆的鞍马山中的地方在暂时打败了源氏的平氏眼里，成了敌人的根据地。

死去的"怨灵"固然可怕，不过那些活着的居无定所的敌人带来的恐惧也是不容小觑。天狗们有着普通人完全不懂的独特的联络渠道，而他们都是源义经身边的人。

这些天狗的真面目，是以武藏坊弁庆为代表的没落的僧兵、山里的强盗以及做买卖的商人之流，总之都是些说不清身份来

---

① 即陆奥国，日本古代律令国之一。——译者注

历的一伙儿人。就算是他们自己，也并不喜欢被社会排斥的身份，而是从内心希望能得到当上正经人的机会。

然而他们这些人几乎绝无可能得到接近作为源氏嫡系户主的源赖朝的机会。赖朝身边代代相传的家臣党羽体系牢固，根本挤不进去。而义经却不一样，他有着当仁不让的源氏血统，身边却空无一人，这也是天狗们对义经众望所归、纷纷聚集到他身边的原因。

虽然武藏坊弁庆也是这样的天狗，甚至可以说是小天狗中的一个，然而在之后的岁月里，无数个对义经寄予厚望的小天狗们的形象都被凝缩在弁庆这个虚构的人物身上。

历史上对天狗们的秘密地下活动从何时开始消失没有做明确的记载。将鞍马的天狗和牛若丸二者联系起来的义经传说，也几乎都是在室町时代被创造出来的。而为了让天狗们彻底不再在那些过去的传说中登场，还是只能依赖于织田信长用一把火烧了比叡山延历寺吧。

不过在比信长火烧比叡山更早的某个时候，义经还活在世上，就有一个人说过要挫败大天狗气焰的话。这个人就是源赖朝。面对着挑拨自己和义经打仗，企图让他们两败俱伤的后白河法皇，源赖朝大喝一声："你说义经的谋反是天魔作祟，却又激将我出来应战，真是岂有此理，你才是日本首屈一指的大天狗啊！"

既然作为日本最高实权统治者的后白河法皇都被人识破是日本第一的大天狗，那么那些真正的天狗们的魔性，也注定是走下坡路了吧。

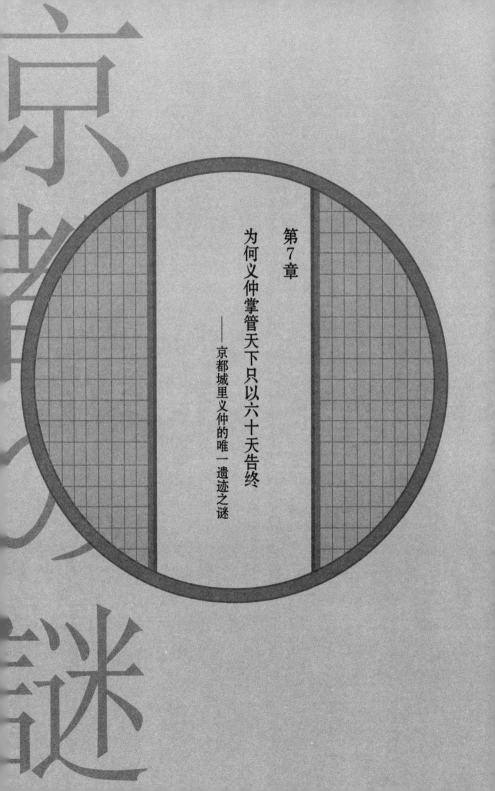

第 7 章

为何义仲掌管天下只以六十天告终

——京都城里义仲的唯一遗迹之谜

京都城里鲜有义仲的遗迹

我想来写写有关这位战胜权倾朝野的平家，并率兵第一个进入京都的男人——木曾义仲的故事，但是藏于京都城里关于义仲奋战经历的遗迹实在是太少了。

与木曾义仲有直接关联的遗迹，只有一个叫作"首冢"（别名为朝日冢）的地方还残留至今（此处现在已不存在）。

那么，究竟是为什么会成这样呢？

我并不是什么义仲的支持派，不过不管怎么说，义仲都可以称得上是一个曾经一度占领了京都的武士，而这样一个人，京都城里却没有留下他的任何踪迹，这总让人觉得不能释怀吧。如果说原本就没有留下什么遗迹，所以现在这样也无可厚非，那么话也就到此为止了。不过按义仲这个外地人在京都的所作所为来看，我觉得多半还是京都人把跟义仲有关系的遗迹一个不剩地都抹掉了，这个做法倒是挺符合京都的"狭隘的"毫不留情的做派。

我们先来看看京都城里唯一的义仲遗迹——首冢。

正好在市营巴士"东山安井"和"清水道"两个站中间，东侧有写着"灵山观音参道"的石碑和巨大的鸟居，走过鸟居开始爬缓坡，在快到清水寺参道的二年坂（又称二宁坂）之前向右拐，就能看见俗称"八坂塔"的法观寺。如果说法观寺就在那位以擅长刻画哀怨忧愁的女性而闻名的画家竹久梦二的旧居的西面，这样大概更好找吧。义仲的首冢就在法观寺的狭小的寺庙内，立着的石柱上写着"朝日将军木曾义仲墓"，仅此而已。虽说任是谁的墓碑也都大抵如此，不过还是未免令人唏嘘。

顺着首冢旁边的路一直往前走，走到位于东山山腰的京都灵山护国神社，刚才的感觉就会更加强烈。这里的墓地之中，埋葬着数百名在明治维新的政治争斗和战乱中死去的各藩自愿参加战斗的人。即使只有一座墓碑来纪念他们所有人，然而至少可以感受到他们的逝去都闪耀着成就了明治维新的丰功伟绩的荣光。

京都有关义仲的唯一遗迹——首冢

这些人和木曾义仲之间到底有什么不同？尤其是对京都而言，他们的差异又在什么地方呢？

让我们带着这个问题来看看义仲占领京都，以及之后败北退出京都的事。通过这些，京都城里为何没有留下义仲的足迹，想必也会自然而然地明白吧。

义仲无情地杀了自己的救命恩人

木曾义仲的亲生父亲源义贤，在义仲两岁的时候被源义平杀死了。义平其实是义贤的侄子，也就是说义仲被自己的堂兄杀死了生父，成了不得不自己谋生的孤儿。

在此我倒是想问一问，同为源氏一族却为何"相煎太急"？不过这样追究也并不是毫无用处。接下来应该就会明白，他们的社会规则当中并没有不杀弱小这回事。

源义平原本打算把义仲跟他父亲义贤一起杀掉的。他把杀害义仲的事交给了畠山重能，重能不忍杀害幼小的义仲，于是又把他交给了齐藤实盛①。实盛再把他托付给木曾的中原兼远，于是义仲第一次踏上了木曾这块土地。

义仲在之后的岁月当中遇到了自己最大的对手源赖朝，并且最终败给了他。而源赖朝也是在险些被杀之前为人所救而活下来的。义仲同样也是一条被偶然搭救的生命，在木曾的山林中肆意野蛮地成长了起来。

此处用了"偶然"这个词，而对义仲施过援手的齐藤实盛和被救了一命的义仲本人，似乎也真的都只是把这件事当作了偶然。为了响应以仁王（后白河法皇的第三皇子，与源赖政联

---

① 齐藤实盛，全称"长井斋藤别当实盛"，日本平安时代末期的武将。——编者注

合讨伐平氏，最终在宇治战死）的号召，义仲举兵对抗平氏，而在平维盛为总将军的十万平氏大军以讨伐义仲为名袭击北国时，齐藤实盛就在这支平氏大军里。实盛对过去曾经搭救过义仲一事并未放在心上，倒是想方设法来掩盖自己一头白发的老态。实盛战死后，检查尸首的义仲疑惑不已，因为面前的尸首若是真的实盛，应该是到了满头白发的年纪才对，而为何尸首却是一头青丝。

战役连连取胜，义仲的军队以破竹之势进入了京都。这时候是寿永二年（1183 年）的七月。源行家也从大和路方面加入了打倒平家的队伍。就在此之前，平氏一族的首领平宗盛挟持安德天皇及建礼门院平德子（高仓天皇的皇后，安德天皇的母亲）逃离了京都。

那么，是不是此时的京都就群龙无首了呢，其实并非如此。实际操纵朝政的后白河天皇仍然若无其事地留在这里，而且还有那些除了看清平氏大势已去之外，完全判断不清形势的大部分官僚们也在，据说这些官僚都是从木曾的山中走出来的武士，他们厚着脸皮大胆地观望着，看义仲进了这京都城，到底能整出个什么名堂。

义仲究竟打算做什么呢，就算再怎么想也还是想不明白。义仲确实是响应以仁王的指令一路讨伐平氏，不过讨伐平氏之后到底该做什么，却让人想不明白。

上皇院里的狸子耍了从木曾来的猴子

把事情想得太复杂，反而就会想不明白。不妨从单纯的事实入手，也就是从义仲是武士这一点出发，再思考一下如何。

那么，"进攻胜于防守"这个战斗逻辑就会浮现出来。与其说义仲是以进入京都为目标，倒不如说他是一仗接一仗地打，在不停地打败对手的进程中最终走到了京都会更为合适。

不过，刚一进入京都，情况就发生了转变。因为对于只擅长打斗的武士来说，最棘手的莫过于去维护作为占领者的地位，而这最棘手的事情，义仲却还非得面对不可。

然而，义仲对这个转变的意义却不甚明白。他想，无论如何既然已经占领了京都城，那就非得领个成功讨伐平氏的赏赐才是，于是义仲就趾高气昂地去见后白河法皇了。

义仲的直性子可真让人跟着着急啊。若是趁着打了胜仗的东风，哪怕是把京都变成自己的第二个木曾城也没什么不妥啊。然而义仲却什么也没做，就去法皇那里邀功请赏，这不就像是说自己不远万里从木曾的山中出来，跑到京都要给法皇做仆从嘛。就像前文所说的那样，义仲的本意可不是自己认定了要来京都。他大概仅仅是出于直觉，以为既然来了京都就得这么干。从这件事能看出来义仲的能力不足，之后的胜负早就已然成定局。

后白河法皇看穿了这一切。法皇采取了给因耽误行程而折回镰仓的源赖朝，比义仲和源行家更高赏赐的做法。虽说义仲和源行家都对此表示不满，又争到了分管知行国的权力，不过他们越是如此就越是中了法皇的计谋。只要法皇对源赖朝说，"我派义仲去做越后国的越后守，他却找我要赞岐守的职位，我只好顺了他的心意。他对自己得到的恩赐不如给你的多似乎很不满意，对你好像颇有怨恨啊"，那便是挑拨义仲和赖朝之间的关系了。

和义仲一起进入京都的源行家，对于自己位列义仲之下自是心生不满，不过他没有把这不满针对后白河天皇，而是撒在了义仲的身上。

就像是自古至今国内外通用的规律一样，战争中先占领首都的人却总是会吃亏。

让先占领首都的人犯难的是什么呢？因为首都在最初的占领者入城之前的最后一刻为止，对要攻占它的人来说都是作为战场的属性存在的，而从被占领的那一刻起，它就一下子不再是战场。这一点让作为首领的义仲和他的将士们束手无策。

所谓京都人，他们是以含蓄为美德，从不直言不讳地表达自己焦虑的心情，也从不随意猜测的一类人，不是义仲之流能够改变的。

因为安德天皇弃京都而去，所以京都城里没有了天皇。法皇和右大臣九条兼实①讨论拥立新帝，义仲作为军事顾问也参与了讨论。然而，在确定新帝这件事上义仲又遭到了排挤，被人愚弄。义仲内心深信以仁王的儿子、自己一路追随的北陆宫应该成为下一任天皇。

然而，既然以仁王的使命已然结束，那么立他的子嗣为新帝也就毫无意义。而且拥立高仓天皇的四皇子尊成亲王（后来的后鸟羽天皇）为新帝的计划已经基本确定了下来，只是当着义仲的面儿，以公平起见为由决定为选择新帝卜上一卦。而且，算卦的时候由于最开始四皇子并没有位列第一，于是又重新算，一直算到四皇子名正言顺当选为止，荒唐得一团糟。

我想，看到这个情景的义仲，一定是目瞪口呆吧。

义仲因为以仁王一声令下而去追讨平氏，当然赏金也是令

---

① 九条兼实（1149~1207），镰仓前期公卿，平氏掌权时升进为右大臣。——编者注

人垂涎，这才豁出命来一路奋战到了京都。他曾经自以为只要是自己来了，哪会有干不成的事儿。虽说若是真被问起具体能干成什么事儿，他也回答不上来，但总归是什么事儿都不在话下就是了。

不过来了京都结果如何呢，京都这个地方，貌似被某种义仲完全无法理解的某样东西操纵运转着。哎，哪怕知道是个什么东西也好啊！

从带蓬牛车的后面下轿而遭人笑话

要说义仲在京都不明白哪些事，他连达官显贵们用的牛车该怎么坐也搞不懂。

因为要去法皇的御所办事，义仲头一回穿上了贵族的正装。黑漆帽子加礼服，就是那种像长裙似的衣服。

去法皇御所当然不能自己骑马去。义仲能想到这一点倒是有几分惹人怜爱，虽说义仲本人并不介意骑着马去，不过在京都城里穿成这样的人出门都坐牛车，那么好吧，义仲就让人预备好了牛车。

牛车是坐上去了，不过这之后可不走运。牛和车，还有驾牛车的人都是从贵族那里征用过来的。驾牛车的人一激动，就使劲儿拍了牛的屁股。

牛突然跑起来，义仲坐在牛车里摔了个四脚朝天。这里不得不称赞《平家物语》里超乎寻常的细致入微的洞察力！书中说起这一幕，形容"义仲的衣服看起来像张开翅膀飞翔的蝴蝶一般"。

义仲气得怒吼起来："停车！停车！"不过他的木曾口音听起来像是在说："再快些！再快些！"于是赶牛车的人在京都的大街上驾着牛车高速飞奔起来。

　　一如名副其实的木曾武者的吵闹劲儿，义仲坐着牛车风风火火地到了法皇的御所，到了之后正准备顺势从牛车的后方下来，那些把捍卫礼节视为自身价值所在的宫廷仆人们立刻飞奔过来说："乘车时从后而上，下车时从前而下，这才是坐牛车的正确方法。"然而义仲却回答道："虽说是车，也没有从里面穿过去的道理。"仍然像最开始一样从牛车后方下了车。

　　义仲刚进了御所，牛车的附近便是一片哄然大笑。"义仲的可笑之事，其他的也还有好些，不过都说出来后果太可怕，且按下不表。"《平家物语》里的这种表述实在是让人浮想联翩。将义仲从京都清除得无踪可寻，这种做法正是"按下不表"的京都文化的精髓吧。

　　这种做法，乍看上去会让人觉得是不愿伤害人，富有同情心，但实际上，这正是自己做到毫发无伤，却将不合自己心意的人驱逐出去的最巧妙的手段。

　　义仲就这样一步步地变成了"恶人"。

　　然而，于京都而言所谓的"恶"指的是什么呢？一言以概之，就是义仲并不具备相关智慧和手腕，以挤进后白河法皇为中心的权谋术数之道。无可奈何义仲带领的军团，就算已经进了京都城，也还是得继续干着跟打仗时一样的事儿。

　　掠夺物资，争抢女人，京都人的记忆中对义仲的"恶"的印象大抵是这两个理由。京都确确实实越来越荒废下去了。以前只要能顺利地收到来自诸国庄园上缴的年贡，京都城也曾是一片安泰。不过，自打庄园里开始形成武士团，庄园收成的大半都被用来养当地的这些武士团，上缴的年贡一减少，京都也就衰败了。

　　义仲自己就是这种导致京都衰败的武士团的首领，他却没有意识到这一点。他原以为自己会大受欢迎，舒舒服服地住在京都，然而现实却是京都的人们连一丁点儿的粮食也不愿分给他。

　　岂止是粮食，就连女人们也不搭理他们。义仲虽说娶了前
关白松殿基房以美貌而出名的女儿，不过据说是用的强取豪夺
的手段。义仲一定纳闷儿，要是把自己看上的女人弄到手也算
是坏事儿，那么京都城的男人们都是怎么干的呢？可想而知义
仲一定是诸多不如意吧。

　　因此，义仲在被朝廷用追讨往西逃窜的平氏的名义体面地
请出京都的时候，我想彼时彼刻他的心情，倒不如说是求之不
得呢。追讨平氏，这可是实打实的战争。凭自己的实力得到粮
食和女眷，任谁也不敢有半句牢骚。然而在备中国水岛一战中，
义仲的军队遭受了重创。战败撤退途中，平氏更加强化了麾下
各个军队之间的团结，而义仲的军队不仅没有做到这一点，更
沦为一群乌合之众，渐渐溃不成军。

　　义仲从水岛的败仗当中得到了教训，他认为还是非得把京
都完全变成自己的囊中之物不可。像这样认真地盘算着把京都
收为己有的男人，除了义仲，估计是前无古人后无来者了。不
过他采取的手段却实在是匪夷所思，他先是请求法皇搬到北陆
道，在遭到了拒绝之后，义仲不容分说火烧了法皇的御所法住
寺，杀害了法皇手下的贵族武士共计六百三十人。从这个情形
来看，大概义仲是把攻占法住寺和武士之间的交战混为一谈了。
他错以为只要打到对方的家里把人给杀了，那么这京都也就成
了自己的。义仲占领京都的六十天被九条兼实称为"六十日天
下"，在他占领京都的六十天里，只有火烧法住寺的这一天，义
仲肯定是意气风发的，因为这是完全按照他自己的做派在京都
活得酣畅淋漓的一天。

义仲是比平清盛更穷凶极恶之人吗

　　这之后紧接着发生了宫廷变革，朝廷中倡议将义仲赶出京

都的贵族有四十九人之多。《平家物语》中写道，就连平清盛也只有四十三个人提出让他下台，照这个推论方法，两者相比追讨义仲的人要多出六个，就有了义仲犯下的恶行比清盛更有过之的结论。

义仲的灭亡已然无可挽回。假设义仲即便是武运当道，战胜了源赖朝派来的义经的军队，而一旦风言风语传出他是比平清盛还要坏的恶人，他也在京都待不下去了。

义经的军队攻破势田、宇治的防线直逼京都城下，义仲见大势不好，跑去跟住在六条御所的后白河法皇告别。这次会见完全没有产生任何意义，倒不如说法皇被义仲的死脑筋给惊到说不出话来。向赖朝的镰仓军发出了讨伐义仲命令的正是法皇，而义仲没道理不明白这个啊。

义仲的死脑筋，表现在他什么时候都不改变自己做事的方法。跟法皇告别是如此，在这之后他又跑到前文提到的松殿基房的女儿那里去道别也是如此。

然而，敌人都打到六条河原了，义仲还待在女人的家里不出来。他的部下——越后国的中太家光撑不下去，切腹自尽了。这时候义仲才终于站起身出来应战，不过我觉得家光这人还真是的，切腹自尽这事儿做得有些多余。按照义仲的脾性，根本不会在乎在跟女人道别时被冲进来的敌人杀死吧。

在六条河原战败后，身边只剩下今井四郎兼平的义仲，在近江国的粟津走到了生命的尽头。虽说这样的死法也带着一丝令人伤感的凄美，不过我想若是他在自己娶的京都的女人家里面死去，怕是会往把他叫来戏弄一番的京都深处，狠狠地扎上一根刺吧。

义仲的军队被戏称为"木曾来的猴子"，一直以来也饱受着各种恶评。

第 8 章

后白河法皇是否真的拜访过建礼门院

——《平家物语》的结尾『大原御幸』之谜

建礼門院陵

寂光院

桂徳院

高野川

敦賀街道

367

大原中学校

宝泉院　勝林院

実光院　順徳天皇陵

大原郷土館　　後鳥羽天皇大原陵

三千院

律川

浄蓮華院

大原　　　　　往生極楽院　　来迎院

大原念仏寺　　　　連成院

草生川

108

山城大原郵便局

梅宮神社

智蔵院

西徳寺

辻しば漬本舗

300m　　N
4

一株看尽平氏一门悲愁的樱花树

大原寂光院①的前庭里，有着一株樱花树。

根据《平家物语》的最后一卷"灌顶卷"中的记载，后白河法皇曾经到此拜访过隐居的建礼门院平德子。

法皇一行到达寂光院的时候，德子刚好不在院内，她到后山摘供于佛前的花去了。

寂光院的前庭里有一个池塘，飘落的樱花洒满了湖面。远处传来杜鹃鸟的啼声，好像它们也在等待着法皇的到来似的。

好了，就不用我在这儿絮絮叨叨地写这些了，我们来看看法皇在池塘前咏叹的诗句吧。

"池边樱花落，飞入古池中。

---

① 寂光院据传是公元 594 年由圣德太子所建，作为一座尼姑庵而出名，寂光院内有名著《平家物语》中描写的本堂、书院等诸多古迹。——编者注

漂漂花成浪，又开几多重？"

枫树的落叶铺满了通往寂光院的石阶

现在长在寂光院前庭里的这株樱花树，已不是当年的那一株了吧。不过，就算如此也没什么关系。比起佛像和庙宇，有生命力的樱花树更能胜任后白河法皇和平德子会面的"见证人"。

寂光院这个地方，不仅是因为建礼门院平德子在此住过，更是由于记载了法皇来此拜访过德子的"大原御幸"而出名。

《平家物语》的作者，将贯穿整个故事的主题都凝聚在"灌顶卷"这一卷中，而这一卷的故事舞台，就设定在寂光院所在的大原。

京都有着众多与各种传说故事有关联的场所，它们散布在京都的大街小巷，多得数也数不清。不过，这些场所都只是讲述了历史故事中的某一部分，或是其中的一段小插曲。

而大原与德子，却贯穿了与她们相关联的故事的始终。这一次，故事的舞台从六波罗、法住寺，或是一之谷、坛之浦这些地方换成了大原的乡下，而德子，是肩负着所有出场人物命运的一个人。

这其中的意义，随着后白河法皇的御驾亲临而显得更加鲜明。

不过问题是法皇是否真的来过寂光院呢。

"大原御幸"打动人心的理由是什么

众所周知，《平家物语》原本就不是一般意义上的直接出版的单行本书籍，而是为那些一边弹着琵琶一边说唱的吟游诗人——琵琶法师们写的故事脚本。后世推测一定是专门有人将这些琵琶法师说唱的故事集结成册，而且据说是信浓前司行长、僧人生佛等人做了此事。不过他们共同协作的结果和现在大家所看到的《平家物语》并不是一回事。

建礼门院平德子是《平家物语》全十二卷之后追加的"灌顶卷"中的故事主人公。"灌顶卷"中的最精彩场面，当属后白河法皇去建礼门院幽静的隐居之所拜访她，二人谈起过往，互相安慰，被称为"大原御幸"的这个章节。

这次会面的场景非常唯美。对后白河法皇而言，死去的安德天皇是他的孙子，对建礼门院来说，死去的安德天皇是她的亲生儿子，他们沉浸在失去共同亲人的悲伤里，争斗、权谋不复存在，一切的一切都统统烟消云散。

不过，不管怎样去想象这个情景，都还是觉得有点儿奇怪。

建礼门院平德子是平清盛的女儿，照法皇的性格来看，他会去安慰平德子这件事情本身就不太可能。他也许去了大原的寂光院，不过至少这次出行的目的绝不可能是去安慰平德子。

所以我想，法皇恐怕就没有去过。

我并没有打算鼓吹"真相是后白河法皇压根儿就没去过大原！"的意图。就算斗胆说出这样的话，在"大原御幸"带来的感动面前，这个说法也根本站不住脚吧。

这些都暂且按下不表，不过问题在于，这个故事并不是某一个人凭空虚构出来的。我想，"大原御幸"之所以会打动人心，谜底就藏在世世代代口耳相传而形成的《平家物语》当中。

让我们追寻建礼门院平德子在归隐大原之前的足迹来看一看。

二位殿①怀里抱着惊恐万分的安德天皇，一边安慰他说"浪花之下，君之国土"，一边抱着他投海自尽了。而同样跳海的建礼门院平德子却被从海里捞了起来。她虽然把从京都带来的砚石塞进怀里，企图增加重量以溺水而亡，不过在她还没沉下去的时候，源五为允伸出钉耙钩住了她的头发，把她捞到了源氏军队的船上。平氏一族就此在坛之浦遭到灭门。

据说在坛之浦战役中死去的平氏族人，共计三十八个男性和四十三个女性。

大原这片"现世中的净土"

建礼门院被带回了京都，她的手里仅仅留下了安德天皇的

---

① 平清盛的妻子，即平德子的母亲及安德天皇的外祖母。——译者注

一套衣裳做纪念。她先是藏身于吉田山附近一位叫庆惠的僧尼的庙里，随着源氏对搜寻平氏余党的行动日趋严苛，最终建礼门院在文治元年（1185 年）五月，经长乐寺阿证房的印誓上人剃度为尼，正式遁入佛门。

接受剃度时，建礼门院手中没有任何可以向寺庙布施之物，不得已她只好放弃了留在手头做念想的安德天皇的遗物。印誓上人将这套衣服改制成长方形的旗子，挂在了寺庙的佛龛前。

从东山的圆山公园和东大谷庙之间往上稍稍走一段路，走到尽头便是长乐寺，当年用安德天皇的衣服制成的旗子至今还留在寺庙中。但毕竟是八百年前的东西了，已然破旧不堪，现在用树脂塑料喷其表面将其保存了起来。虽说长乐寺里还保存有建礼门院的画像，但因为这幅画像刚画出来就又被在表面涂上了一层，因此完全看不出来画的是谁，就这样被放置了很多年。据说直到表面的那一层被洗掉之后，才第一次被人发现原来画像中的人物是建礼门院。

在建礼门院剃度为尼那一年的年末，她来到大原，入住寂光院。

大原这个地方，被称为"现世中的净土"。大原三千院中的往生极乐院也好，来迎院也好，它们都受到信奉极乐净土的世人的顶礼膜拜。京都的人们，不远万里也要来到大原参拜佛像，因为这个地方维系着人们向往极乐净土的所有梦想。

就连寂光院的庵名，也是敬慕极乐净土投射而来的空寂凄冷的光芒之意。

我想让大家理解的是，平德子之所以选择隐居在大原的乡下，并不只是要避人耳目这一个目的。

作为苟延残喘的平氏的一员，她只有栖身于现世中的净土——大原这一条路可选。为了让"平氏一族的亡灵得到超度去往极乐净土",她必须终其一生都留在大原,躬身于青灯古佛前。

于是就出现了"大原御幸"的场面,而发生在这个场面的故事,就只好请那些籍籍无名的琵琶法师们编造出来了。

《平家物语》是弘扬佛教的手段

这种在庶民堆儿里怀抱琵琶进行弹唱的盲眼艺人,大概是从 10 世纪末期开始出现的。作为吟游诗人,他们会以实际发生的事情为素材,创作叙事诗或者各种因缘故事来用于弹唱。

一方面,他们组成了文艺团体,设立了以检校^①为最高职位的各个阶层,同时对弹唱的题材开始进行有组织的体系构建。在这个团体中又被分为各种不同的派别,即使是同样的题材,也会因为流派的不同而在弹唱手法上出现细节上的差异,同时对弹唱题材的范围也开始有所设定,阶层不同,范围也会不同。

这些艺人们演出的场所有时候在大街上,有时候在集市的一角,有时候在寺庙前,有时候就在普通人家的门口。听众们想要听的,琵琶师们想要讲的,常常会因为各自兴趣和动机的不同,而使得他们在弹唱中互动频繁,碰撞出火花。对于讲故事的人和听故事的人来说,这派热火朝天的景象并不是哪一方能单独做到的,正是因为有了双方激烈辩论迸发出来的火花,弹唱的故事才会演变得越来越丰富多彩、有血有肉。

《平家物语》作为弹唱的一个题材,也被加到了琵琶法师们的说唱故事里。吉田兼好^②所著的《徒然草》一书中,对《平家

---

① 盲人官职中的最高职位。——译者注

② 吉田兼好(1283~1350),又称兼好法师,南北朝时期日本歌人,代表作品《徒然草》。——编者注

物语》这本书是如何产生的有过相当多的记载。

按照《徒然草》的说法，信浓国有一位叫作前司行长的学识渊博之人，遁世为僧并受到比叡山天台座主慈圆大师的扶持。在慈圆大师的庇护下，行长开始写跟平氏有关的故事，而这些故事由一位叫作生佛的琵琶法师进行口头弹唱。这位法师是东国①出身，他对源氏武士们的见解又进一步地充实了故事的内容。

《平家物语》是在比叡山诞生的，单是这一点就已经够让人觉得有趣了吧，同时，这或许也是此书中后白河法皇之所以会在大原这个舞台登场的最大原因。

源氏与平氏抗争史年表

1051 年（永承六年）安倍氏在奥州发动叛乱。奉朝廷命令出征的源赖义及源义家父子在清原氏的支援下平定了叛乱（史称前九年合战）。

1086 年（应德三年）清原氏在奥州发动叛乱。源义家在藤原清衡的支援下平定叛乱（史称后三年合战）。在东国确立了源氏的地位。

1156 年（保元元年）崇德上皇 / 后白河天皇兄弟之间，藤原忠通 / 赖长兄弟之间产生对立，导致了保元之乱频发。支持天皇的源义朝和平清盛对支持上皇的源为义、源为朝与平忠正等人进行讨伐。

1159 年（平治元年）藤原通宪与平清盛，同藤原信赖与源义朝，这两组势力之间产生对立，源义朝遭到讨伐（史称平治之乱），之后迎来了平氏的全盛时期。

1167 年（仁安二年）平清盛被任命为太政大臣。

1180 年（治承四年）源赖政奉以仁王的命令，举兵讨伐平氏。之后源赖朝、木曾义仲也纷纷举兵讨伐。

1181 年（养和元年）平清盛去世。

1183 年（寿永二年）木曾义仲进入京都。平氏逃往西国。

1184 年（寿永三年）义仲在濑田阵亡。一之谷合战。

1185 年（文治元年）屋岛合战。坛之浦合战。平氏灭亡。

1189 年（文治五年）源义经在奥州平泉遭藤原泰衡袭击，自杀身亡。

1192 年（建久三年）源赖朝成为征夷大将军。镰仓幕府建立。

1213 年（建保一年）建礼门院平德子死亡。

---

① 现在的关东地区和东海一带。——译者注

　　法然、荣西、亲鸾、道元、日莲这些天才的思想家们纷纷脱离了比叡山。镰仓时代的比叡山，它的庞大的组织体系反而为自己招致了灾难，时局已经处于一触即发的危险境地。当时作为座主的慈圆大师虽然没有离开，但他一定切实地感受到向民众传教授道的必要性了。

　　虽说没有人知道慈圆曾经考虑要将对民众的传教授道做到何种程度，不过从他庇护遁世学者行长，让他进行故事的创作，再让琵琶法师来进行传唱的这个行为过程来看，不得不说《平家物语》背负着在民众中将比叡山的宗教弘扬开去的厚望。《平家物语》既是传教所采用的工具，又可以说就是传教这个行为本身。

　　文艺及绘画曾经作为传播宗教的形式存在，这并不是什么奇谈怪论。《一遍上人绘传》这幅画卷就吸引了很多人信仰熊野神社，画卷中《小栗判官》讲述了麻风病人小栗被照手姬带着参拜了熊野神社之后，奇迹般地苏醒过来的故事，编写出这一类的故事也是出于传教的目的。从熊野和高野山下来的修行先导们分散到全国各地进行传教，像《小栗判官》这种心诚则灵的讲经故事被作为传教手段广为传颂。

　　引导人们到熊野和高野山朝拜神灵的修行先导们，他们既是熊野神社的僧侣，又承担了讲经布道的重任。而比叡山，却把这个传教的重任托付给了琵琶法师们。

《平家物语》的最后一幕讲述了建礼门院德子

　　《平家物语》自从诞生起就广受琵琶法师们的器重，受欢迎的程度有远远超出其他演出剧目的势头。

不过，现在我们谈论的"灌顶卷"，和其他卷不同，是在其他卷成型大约一百年之后才产生的。也就是说是在《平家物语》完全摆脱了比叡山的操纵之后，才被加上去的一个作品。

这是由琵琶法师们集体创作，并内部流传下来的故事。他们将《平家物语》中贯穿始终的"诸行无常"的佛教精神进行了归纳总结，再另成一卷，而且制定了只有完成了一定修行时间的法师才能够弹唱"灌顶卷"的规定（"灌顶"的本意是指皈依佛门的佛教仪式）。正因为如此，"灌顶卷"的舞台非设定在大原不可，而主人公，也非建礼门院平德子莫属。

大原，既是现实中存在的地方，更被称为佛教中的"人间净土"。而平德子，也早已经是心无旁骛，一心向佛了。

书中后白河法皇的"大原御幸"，发生在文治二年（1186年）的夏天。原本春天就打算去，但那时节还春寒料峭，未能成行。

值得注意的是，书中并没有解释法皇为何会来平德子隐居的地方看望她，只是用"法皇寻思着去看看大原闲居的情形"这句话一笔带过。

不过实在也想不出什么理由。自己的孙子安德天皇，即自己的儿媳妇平德子的亲生儿子，在坛之浦一战中与平氏一族一起殒命海底。象征皇室的三种神器也因此下落不明，不过法皇貌似丝毫不在意这一切似的，立刻就让新帝后鸟羽天皇登了基。而从"大原御幸"的时间来看，他去大原看望平德子是在后鸟羽天皇登基没多久的事儿。

大概法皇也询问过建礼门院被人从海里救起来这事儿吧，得知她削发为尼，隐居大原的消息，法皇肯定也最多就是在心里对她的做法表示赞同罢了。

那么，为何"灌顶卷"的作者要写法皇去了大原呢？

其实即便去大原的不是法皇，也没什么不妥。不过，如果不让法皇在此登场，那么就需要把《平家物语》里出现的所有人物都拿出来重新交代一遍，这样就失去了"灌顶卷"作为《平家物语》秘传的别卷的存在意义了。

与法皇见面的建礼门院平德子，用了很长的篇幅回顾了自己波澜壮阔的大半生。德子作为平清盛的女儿降生到这个世界，成年后嫁给高仓天皇位居中宫（天皇的正妻，相当于皇后），生下嫡子安德天皇，享尽了荣华富贵。这之后却命运多舛，在坛之浦经历了地狱般的痛苦后苟且偷生，最终栖身于大原。她感叹自己过的这半辈子，就如同将六道（地狱、饿鬼道、畜生道、修罗道、人间道、天道）轮回全部体验了一遍。

建礼门院亲眼看尽"六道轮回"，最后选择安身在这现世净土的大原，从这一点能看出她在经历一切之后的释然，而"灌顶卷"的目的就在于让她抒发出内心的感受。

如果要选一个人来做建礼门院的倾诉对象，那么这个人只能是后白河法皇。因为正是这位法皇，一手导演了平德子"六道轮回"的一生。

琵琶法师们，一边嘴里说着"被建礼门院引到大原去的后白河法皇，其实他的原型，嘿！就是你啊！"，一边用手指向听众。而正是有了这些听得入神以至于被琵琶法师吓了一跳的听众，"大原御幸"，才会作为超越了虚构的真实故事而流传于世。

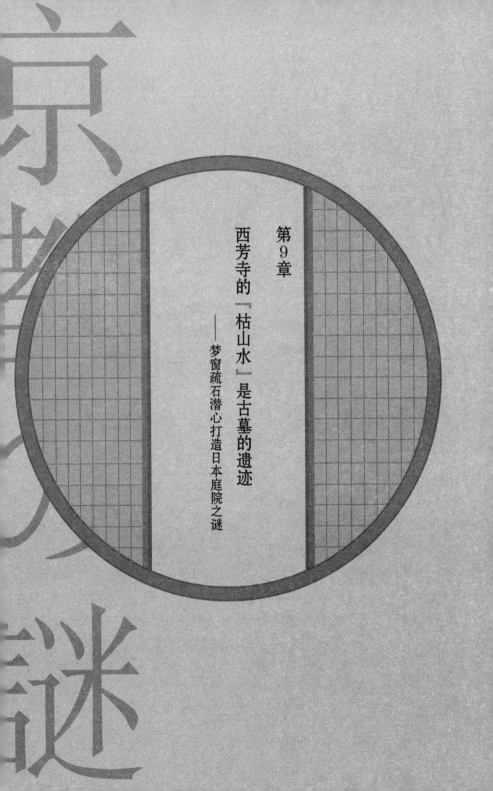

第 9 章

西芳寺的『枯山水』是古墓的遗迹

——梦窗疏石潜心打造日本庭院之谜

N
500m

龍安寺石庭

周山街道
162
きぬかけの路
竜安寺前
仁和寺●
妙心寺駅
龍安寺駅
等持院駅

大覚寺●　大沢池
広沢池
宇多野駅
御室仁和寺駅
●妙心寺

嵯峨嵐山駅
鳴滝駅
嵐電北野線

清涼寺●
丸太町通
常盤駅
花園駅

●常寂光寺
JR嵯峨野線
太秦駅
太秦天神川駅

天龍寺
嵐山駅
嵐電嵯峨駅
鹿王院駅
車折神社駅
有栖川駅
撮影所前駅
地下鉄東西線

嵐山駅
三条通
帷子ノ辻駅
太秦駅
蚕ノ社駅
嵐電嵐山本線

山ノ内駅

梅宮大社●
四条通
天神川通

湘南亭
松尾大社●
松尾大社駅
桂川
葛野大路通

穢土寺趾
鈴虫寺
西京極総合運動公園●
9
五条通

西芳寺
苔寺
上桂駅
阪急嵐山線
西京極駅

龙安寺的石庭不能代表所有的枯山水

说起石庭，要数京都龙安寺的石庭最有名气。

龙安寺的石庭，看起来仅仅是在白砂之上摆放着几块石头，却让人觉得石庭的造型彷佛是在打一个高深的谜语似的。有人觉得是在表现漂浮于大海之上的小岛，也有人觉得是母老虎带着小老虎过河，大家都绞尽脑汁想把石庭里面隐含的奥秘给参透出来，然而最终一定有很多人都是带着"知其然不知其所以然"的心情离开这里了吧。所以世间会有"似懂非懂，方为石庭"的解释。

像龙安寺石庭这样的庭院样式，被称为枯山水。

日本庭院的特色可以说是在规定的方寸之间塑造山水，以再现大自然之美为主流。这其中尤以枯山水，更能称得上是日本独特的造园方式。

如果拿绘画雕刻的体裁形式做个比方，那么按照大自然原有的形态造型的方式是具体形象艺术，而与之相对的枯山水，则归为抽象艺术的范畴。

也就是说，枯山水对于类似"这是什么？"或"这是何意？"之类的问题都是拒绝作答的。

现在人们接触抽象艺术的机会慢慢多了起来，因此对此也就不再认为是件多么稀奇的事情。抽象艺术的作品也开始增多，就算说当下的时代已经是抽象艺术成为主要艺术形式也不为过吧。

不过，对于日本自古以来就有的枯山水，世人是否也会用对待抽象艺术那样的态度去坦然接受呢？这样一想就不由得让人产生疑问。

当然，我们不应该把两个不同的事物放在一起做同样的考量，但是试着想一想枯山水是如何成为日本独特的庭院形式的这个问题，也许我们会从中受到一些新的启发。

那么，究竟什么是枯山水呢？

为了弄清楚这个问题，就请大家先去龙安寺看一看，先把对龙安寺石庭的印象刻在脑海里，然后再直接去西芳寺（又称苔寺）。

龙安寺自不必说，而一到这西芳寺，应该就会发现，但凡这些历史悠久的寺院，都非常注重寺院的选址。

从松尾大社①沿路一直往南，走到看见从西山的乌之岳的峡谷间流出来的西芳寺川，就到西芳寺了。

---

① 松尾大社位于京都市西京区，旧称松尾神社，是京都最古老的神社之一。——编者注

领会近代艺术的龙安寺石庭

　　西芳寺这个寺址是由高僧行基选定的。行基走遍日本，在全国布经传教，所到之处致力于修整灌溉用水、开垦水田、在重要地点架设桥梁等基础建设。他主持建造的作为布经传教据点的修行道场，仅在山城国（现在的京都府）、大和国（现在的奈良县）、河内国（现在的大阪府）、和泉国（现在的大阪府）、摄津国（现在的大阪府和兵库县）的畿内①就有四十九处之多。而西芳寺，是行基在天平年间（729~749）建造的四十九寺中的一座，最初被叫作西方寺。

————————

　　①　属于京城管辖范围。——译者注

梦窗疏石是禅宗的改革者

到了平安时代，西芳寺成为念佛宗的寺院，据说寺庙分为了上下两段，下段为现在的池泉回游式庭园，上段为放置自然石的枯山水式园林。在上段部分又修建了秽土寺。

现在西芳寺内部的参观路线，也是先从下段开始，穿过向上关，顺着通宵路往上走，一直走到上段的指东庵。

人们先是来到西芳寺下段庭园，被其中绿意盎然的青苔的魅力所吸引，再穿过向上关信步往前，就到了一处过去被称为"秽土"意为浑浊的现实世界的地方。如果来此地参观的人改变了这个规定的参观顺序，那么特意来西芳寺参拜的意义就会消失殆尽了。在梦窗疏石接手西芳寺之前，西芳寺就是按照这种方式用景致的变化表现出现世的表里两面，将它们搭配在一起展示给芸芸众生的。

且说这西芳寺却日渐荒废起来，历应二年（1339年），藤原亲秀把梦窗疏石邀请过来，委托他重建西芳寺。

那一年梦窗六十四岁，他作为临济宗天龙寺派（又称梦窗派）的领袖声名远扬。

在此之前的禅宗，对跟政治有关的事情一概漠不关心，潜心修行佛教是他们信奉的唯一目标。

在此境况之下，梦窗却曾试图调停足利尊氏[1]和足利直义兄弟二人之间的矛盾，站在中立的立场上谋求南北朝议和，梦窗的种种作为都显示出他对政治问题的极大关注。大灯国师[2]之所

---

[1]　足利尊氏（1305~1358），镰仓时代末期至室町时代前期的武将。室町幕府的第一代征夷大将军（1336~1358年在位）。——译者注

[2]　大灯国师，日本禅宗文化中心之一大德寺的开山祖师。——编者注

以会谴责"梦窗的所作所为是将禅宗引向毁灭",原因就在于后者积极地参与了政治。

我认为梦窗的行为显示出他作为一名改革者的姿态。但凡敢于改革的人,他的性格大抵都是很难被常人理解的,这一点在梦窗的身上更是被鲜明地体现了出来。他有努力促成南北朝和解的一面,也有逃避当权者的一面,各种不同的侧面显示出他拥有多重的性格。

也许说这是"分裂性人格"也不为过吧。梦窗本人应该也是对自己的状况非常清楚,所以这也许是他会热衷于造庭的理由之一。

梦窗并不是为了别的什么人而去打造庭园。他顶着"灭绝禅宗"的罪名,想要打造出从某种意义上能证明自己是真正的禅宗弟子的庭园,即便当时他已经六十四岁,却依然潜心修行。我想,他打造出的这个作品就是西芳寺庭园中的枯山水了。

就算把这个庭园当作梦窗仅仅是为了他自己而建的也未尝不可,也许有人会觉得为一人而建的做法实在太"奢侈",不过此处的"奢侈"跟它惯有的意思不同,这个庭园确实是集梦窗才智之大成,所有的一切,都"奢侈"出了最完美的状态。

西芳寺的后山有大古坟群的遗迹

看了龙安寺的石庭之后再去看西芳寺,一定会发现西芳寺的枯山水很不一样。看龙安寺石庭的时候,听到石庭中的十五块石头当中,不管从哪个角度看起来都会有一块石头是被遮住了的解说,大家会边看边在心里惊叹果真如此。事实上这种打造庭园的手法,处处都显露出人工设计的痕迹。

而西芳寺枯山水中的那些石头，却如同原本就在那里似的，倒是让人觉得这样的布局似乎是要刻意将人类加工的痕迹隐藏起来一样。

然而，事实上西芳寺枯山水中的那些石头的布局，并不是人为制造出来的。

这些石头在梦窗接手重建西芳寺几百年之前，就已经伫立在那里，它们都是曾经被用来修建古坟的石头。

西芳寺的后山上有古坟堆这事儿，隐隐约约有过一些传闻。不过，实际情况直到近来才真相大白。根据考古学家田边昭三的调查，后山上有着密集的古坟堆群，目前已经得以确认的古坟达到了四十九个。这一带据说是京都周边密集度最高的古坟群。

对于探讨枯山水这种庭园形式的起源，这片古坟群的发现给予了人们十分有趣的启发。

应该没有比梦窗疏石更热衷于打造庭园的僧人了。在梦窗之前，就有了"石立僧"这个说法，指那些对附属于寺庙的庭园进行设计施工的僧侣们。但他们大多地位不高，位于中层以下，或是有着造庭的爱好，或是对修建庭园稍微多一点儿经验，慢慢地当上了"半瓶醋庭园专家"的一些僧侣。

梦窗是追溯所谓"石立僧"的源流时，与"石立僧"有关联的人物当中最杰出的一位人物。这样评价梦窗丝毫不足为奇，他在所到之处的寺院里都留下了优秀的庭园作品，例如吸江寺（高知县）、永保寺／东香寺（岐阜县）、南芳庵／瑞泉寺／泊船庵（神奈川县）、惠林寺（山梨县）等等，这些寺庙里的庭园都因为是梦窗打造的而赫赫有名。

　　因此我们由此推断，梦窗是从自己耗费一生心血积累起来的庭园经验当中，推敲出了枯山水这一新的理念，并且将这一理念在西芳寺即曾经的秽土寺做了实际的尝试。

　　也就是说，我们会以为梦窗打造枯山水庭园，用的是先在脑子里做好构图，"这儿放一块这样的石头，那边再放另一块"，然后再按照心中定下的布局去部署石块位置的建造方式。

　　然而事实并非如此。

　　最开始就已经存在的其实是那些用石头堆积而成，收殓了古代豪门权贵遗骸的棺材。这些石棺入土为安之际曾经被撒上了厚厚的土，但随着时间流逝，盖在上面的土壤慢慢流失，以至于石棺的石头都露了出来。在梦窗于此处打造枯山水庭园之前，据说这一带被叫作楞伽窟，楞伽是宝石的名字，在佛教中又指常人所不能到达的境地。因此从某种意义上来说，这个地方自古以来就带着些秘境的意味吧。

西芳寺枯山水石群

西芳寺池泉回游式庭园

梦窗将这个地方改头换面，打造成了专门供禅者修行，足以称之为"圣地"的庭园。虽说是改头换面，但是并没有将古坟原有的石块搬来搬去，改变它们的位置，只是稍稍予以加工，之后便把打造的重点放在了如何用土堆砌，以及怎样配置树木这些需要花费工夫的事情上了。

如果我们不以这样的思路去领会，就无从理解枯山水中的石块所体现出的天然不雕刻的氛围。当然，毋庸置疑，这种打造的方法正合梦窗的心意。枯山水中的每一块天然石的位置，梦窗都对它们进行了首肯，就如同在打造过程中，他跟每一块石头都进行过确认一样，"嗯，你这个家伙，就站在这里好了！"

因此，我认为将西芳寺的枯山水与处于寺庙下方的回游式庭园进行对照，通过这个对照，才会真正地看懂枯山水所具有的深意。

从西芳寺的库里①向下，一直走到池塘边上来。这附近有一处叫作湘南亭的茶室，明治维新时期的政治家岩仓具视在受到政治排挤时曾经蛰居于此。当走到这附近的时候，头顶的树木、池塘的水面，再加上无处不在的青苔，这一切都被笼罩在太阳反射过来的光线当中熠熠生辉。此情此景，让人不禁把自己的全身心都交付出去，尽情享受这一片光的净土。

不过，这份身心的愉悦也只是持续到向上关这个地方。经过向上关顺着通宵路继续往上走，景致全都变了模样。梦窗将过去把此地命名为秽土寺的前人的思想意识，以更为严苛的形式继承了下来，不借助一切人工的力量，而是让自然将本身的样子发挥到了淋漓尽致。

在《梦中问答集》②中，梦窗曾经做过这样的阐述：

"自古以来论及庭园，就有很多喜欢垒山立石植树，在园中让清泉潺潺流动的人们。

虽然庭园的形式都相差无几，但是爱好庭园的意义却因人而异。有人只是把庭园当作房屋的一个装饰，也有的人用收集财宝一样的心思去看待庭园，可谓是形形色色。

这样也并非有什么不妥，不过那些把庭园本身和道行（禅宗修行）分开来考虑的人，算不上是真正的修道之人（一心修行禅宗的人）。只有把山河大地草木瓦石都看作是自己的本分，这样的人虽说对庭园的热爱之情和世间相似，却终将会把这份赤子之心皈依佛道，会慢慢明白，泉石草木随着四季变化呈现出不同的景色也是一种修行。

---

① 寺庙的厨房。——译者注

② 《梦中问答集》是佛学典籍，凡三卷。——编者注

所谓修道之人热爱庭园，正是这个含义。热爱庭园并不是坏事，但也并不是说就是善事。庭园本身无关得失，得失自在热爱庭园的人的心里。"

一切皆由打造庭园的那个人发自内心的状态而定，梦窗如是说。

参禅修行的心，就是要把纠缠在自己身上的做作之物一个一个地清除掉。也就是说要看清世间的真理及本质所在，将那些干扰人心的变化摒弃干净，懂得如何与自己的内心平静相处。

如果不这样做，参禅修行的内心终将看不清参不透吧。

石庭是与"石头"商量着建起来的

枯山水这个说法，在11世纪的《作庭记》[①]这本书里就已经出现过了。梦窗肯定也看过这本书吧。

不过梦窗并不是靠照搬书本来打造枯山水就能心满意足的人，这也是为何说他不只是区区一介石立僧的缘由所在。

正因为如此，我才会觉得梦窗在最初看到西芳寺后山那些显露出来的石头时，恐怕并没有认为把它们拿来打造枯山水是再合适不过了的吧。

梦窗之所以会这么想，并不是枯山水这种庭园形式有什么问题，问题在于那些显露出来的石头身上。打造庭园的修行者们一边在心里摸索一边对石头加以施工，而石头们则总是用一副"这还远远不够"的态度反馈回来。偶尔也有一些石头会对修行者的加工表示赞许，"嗯，这招儿干得不错"，虽然修行者

---

① 《作庭记》是日本古代的一部关于造园的专著，被视为日本"国宝"，在东方造园界颇有声望。——编者注

做到这一步确实已算得上是上乘之作，然而还是会有一些别的石头在旁边冷嘲热讽，说着"也不过如此罢了啊"之类的风凉话。

修行者与石头之间，时刻都进行着这样严肃认真的对话。梦窗所追求的作庭之术，正是要想方设法将妨碍他们二者之间对话的外界事物清除干净。这一作庭之术也是梦窗潜心深造的自身修行。

看完西芳寺，再回过头来看一看龙安寺的石庭。龙安寺是将从别的地方搬来的石头进行人工配置的枯山水，西芳寺是对一开始就已然存在的天然石施以打造而成的枯山水，让我们在这两处枯山水之间来来回回地走几趟，慢慢领悟吧。

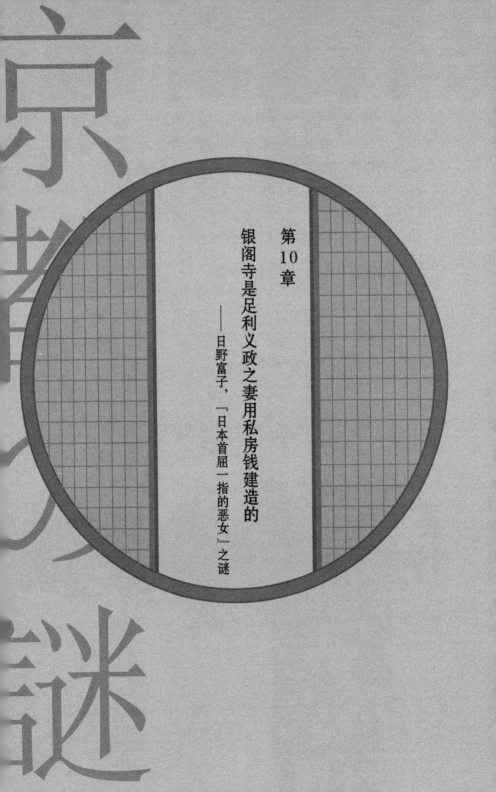

第10章

银阁寺是足利义政之妻用私房钱建造的

——日野富子，『日本首屈一指的恶女』之谜

日野富子真的是恶女吗

人们只闻其名就会被吓得直冒冷汗，头昏目眩的大恶人，而且还是一名女性，我倒真是巴不得京都的历史上出现过至少一位这样的人物呢！

我并不是想让这样的恶女死而复生，再到现在的这个世界来兴风作浪——嗯，心里多少也有点儿这个念头，所以犯不着为此担惊受怕，问题是历史上很难找到这样的恶女。

因此，根据某些所谓的定论，在此就只好把足利幕府第八代将军义政的夫人日野富子拿出来说了。

我是因为如果找不出来这样的恶女就只好作罢，所以不得已才拿日野富子来做文章，所以说不定成为某种"期待恶女出现"的论调也未可知。

日野富子没有什么声望，而且被冠上"恶女"之名的原因在于，据说她是将京都烧成一片焦土的应仁之乱的始作俑者。

她和自己的丈夫，也就是和第八代将军义政之间，最初一直没有生下男性子嗣，迫于无奈只好将义政的弟弟义视定为了下一任接班人。然而，在此之后，日野富子却生下了一个男孩（义尚），传说当母亲的自然是想让自己千辛万苦生下来的孩子继承将军之位，因此她的这个心愿就在业已对立的诸国领主的纷争中添了一把火。

话虽如此，这事儿想想还是觉得有些奇怪。即便这些传说都是事实，然而让对自己来说至关重要的儿子继承将军之位的想法却被认为是导致应仁大乱的原因，这就说不过去了。

在此之外还有很多其他的事情也把富子弄得恶名昭著。比如说富子在京都城的入口设立关卡收取入京税，所收钱款一分不少地都入了自己的腰包。这些当然也是事实，即所谓的恶政，不过，若是没有因为要推举义尚做下一任将军而传出来的不好名声，大概光凭这事儿也成不了"富子＝恶女"这个说法的根据吧。

还曾有过这样的传言，她所生的孩子义尚的亲生父亲，并不是她的丈夫义政，而是后土御门天皇。作为丑闻来说，这实在是老一套的陈词滥调，不过在应仁之乱结束之后立刻问世的《应仁记》[①]一书中就对此做了记载。

后面我会来陈述这桩丑闻不足为信的理由，而且就算这件事情是真的，理应承担责任的也应该是天皇而不是富子。不说别的，当时的天皇绝不会有暗中让流着自己血脉的子嗣当上将军的野心，花费脑筋去筹划这样的策谋实在是毫无价值。

应仁之乱的直接责任，真的应该日野富子一个人来背负吗？

富子真的是人们口中的"恶女"吗？

---

① 《应仁记》是日本古代一部军记物语，共两卷，内容讲述了应仁之乱。——编者注

义政和富子是性格相似的夫妇

上京区堀川通寺之内这个地方有一个叫作宝镜寺的寺庙。这是一处尼门迹寺院①，院里的住持代代均为皇族或贵族的女性担任。这里经常会收到来自宫中的物品赏赐，尤其是光格天皇御用的人偶也被供奉于此，因此宝镜寺又被称作人偶寺。由于住持是女性，加上庙里有很多的人偶，因此在女性观光客中该寺庙的人气日益高涨。

宝镜寺里有一尊日野富子的木像。富子晚年削发为尼，法号为妙善院，她的木像也是尼僧的样子。

木像有着丰满的下颌和柔和的脸庞。那本记录了富子和后土御门天皇丑闻的《应仁记》里也称富子有着"隐藏不住的美貌"，因此想必富子年轻的时候一定是个大美人吧。

虽然美人是成为恶女的首要条件，不过富子连利用自己美貌作恶的机会都没有，就得遵从"将军正室必须从贵族日野家挑选"的特权惯例，嫁给了将军义政为妻。义政的母亲是日野重子，也是富子的大姑母。后来嫁给义视、院号为妙音院的义视夫人是富子的妹妹，而富子的兄长日野胜光也是义政身边的心腹，可以说义政的身边被日野一族紧紧地包围着。

富子嫁给义政的那一年是康正元年（1455年），义政二十一岁，富子十六岁。

义政也并非等闲之辈。在他当上将军的时候，足利幕府的权威已经一落千丈。自打他的父亲，也就是上上代的将军义教被赤松满祐杀害的嘉吉之乱②以来，将军家便成了各诸侯国的大名们在势力角逐时相互制衡的存在，而义政也没有打算付出任

①　门迹是表示日本寺院规格高低的一种制度，平安中期后，转指皇族、贵族出家后所在的寺院，尼寺亦称尼门迹寺院。——编者注

②　嘉吉之乱发生于日本室町时代的嘉吉元年，指赤松满祐暗杀室町幕府第六代征夷大将军足利义教，并引发骚乱的一连串事件。——编者注

何努力来改变将军家面临的这一局面。

相反，他却一心想要把幕府的政务从自己身上剔除干净，接二连三地干出些沉溺女色、热衷建筑艺术等等让人目瞪口呆之事。《应仁记》里曾这样描述过当时的风潮，"天下纷乱又何妨，国破家亡也无谓"，可以说是作为将军的义政率先营造出这样世风日下的氛围。

宝镜寺及寺内的人偶墓

　　不过，义政越是如此，那些守护大名^①们反倒越是为了难。他们仅仅依靠武力将国内的庄园据为己有，不过靠武力来攻城略池获取领地这种逻辑，并不是只有这些守护大名们才懂。在他们的地位之下，例如被称作"守护代"（指被守护大名们任命的地方政务执行官。这其中曾经出过尾张国的守护代织田氏，后来成长为战国大名的佼佼者）的这一阶层，若是他们也意识到"若论武力我们也同样可以这么干"，那等这些人动起手来，可是找不到什么借口能够来阻止。

　　因此对于这些守护大名来说，他们需要借助将军家的权威来对自己的权势进行官方的认证，因此眼看着将军家形式上的威信一日不如一日，最犯难的便是这些大名们。

　　他们明明并不是从心底臣服于将军的威望，而仅仅是需要借将军之名来捍卫自己的权势。可想而知，富子嫁入的这个将军家，竟是在这样的局势之下苟延残喘保住了自己的命脉。

富子最先做的就是驱逐义政身边的"三魔"

　　富子首先断然实行的就是驱散围绕在义政身边的女人们。在这些女人当中，有一位姓大馆，被称作"今参局"的女性深得义政的喜欢，她和有马持家、乌丸资任三人都常年侍奉在义政左右，由于这三个人的名字中都有"ma"的发音，和日文中"魔"的发音相同，因此这三人被人们称为"三魔"，并成为众矢之的。

　　义政眼看要到二十一岁了，却还没有明媒正娶的将军夫人，

---

　　①　守护大名即被幕府封为守护要职的地方武士团首领，不过，正如幕府无法有效控制这些大名一样，这些守护大名也很难有效控制自己的领地。——编者注

这不得不说有一些晚，其中的原因大概就在于义政身边有太多的女人，而这些女人们都联合起来反对他娶正妻吧。

让既无立场也无主张的女人们把持着政务，本应该拨乱反正的男人却对此束手无策。而富子却坚持采取手段来制止这一状况，单从这一点来说，理所当然就应当给她高度的评价。

不过，富子采取的手段的确不是很光明正大。富子生的第一个孩子是个女孩儿，不过生下来就夭折了，于是便放出谣言说这一切都是因为今参局在暗中诅咒，富子坚持应由今参局来承担责任，于是义政把她流放到了近江。而且，流放途中走到琵琶湖附近时，富子便派人在冲之岛逼迫今参局自杀身亡。

今参局对于被富子驱逐一事，做了何种反抗，已无从考究。不过当富子还没当上义政夫人的时候，据说在确定尾张国的守护代人选时，今参局就对义政吹了耳边风，义政也言听计从照她的建议任命了人选。

像守护代人选这样的大事，而且还是在尾张国的守护大名斯波义健不知情的情况下被决定的，这就成了一个大问题。就算是自己任命的守护代，都常常不听自己的指挥，加之自己的势力一再被削弱，甚至如今连任命权都被剥夺掉的话，这些守护大名们自然觉得是可忍孰不可忍。

从今参局染指人事任免，并且不拖泥带水单刀直入的做法，可以看出她应该是有着一定的政治手腕。

由于守护大名们群情激愤，高呼不平，义政只好取消了最初做的决定，并且让今参局出面致歉才总算是把这事儿压了下去。

因此，在富子当上义政夫人之时，今参局的势力毫无疑问已然是日渐衰微，然而即便如此，若不是拿出"诅咒富子"这最后一张王牌，也不能达到流放她的目的，由此可以想象这位今参局是个很不一般的女性。

与富子比起来，我觉得这位被唤作今参局的女性，倒更是全身弥漫着"恶女"的气息。但真相又有谁知道呢？

爱财的富子开始放高利贷

富子的不幸，在于她虽然把围绕在义政身边的女人们都驱逐了出去，不过在此之后，离不开女人的将军家的状况并没有发生任何的改变。

义政的身边如果没有女人出现，就仿佛永远有一个填不满的窟窿。富子意识到自己就是那个非得来堵这个窟窿的人，不过她却拒绝这样做。若是她也钻到这个窟窿里争宠，那么她也就是个普普通通的女人。普普通通的女人的意思是，在把丈夫身边的莺莺燕燕都赶走了以后，誓死捍卫自己是明媒正娶的妻子的那种女人。

然而富子，绝不是一个普通的女性。

照这么说富子就不是个恶女吧——这倒也不是，只是不能这么简单地就下结论。之所以说她不是个普通的女性，是指虽然自己的丈夫义政身为将军却对政务毫无干劲，一味地沉迷于建筑与造园之中，而作为妻子的富子却对丈夫的做法表示出理解的态度。

任凭世间的恶评甚至天皇的叱责，义政为不为所动，反而仍然一心沉醉在自己热爱的事情当中，在义政身边看着这一切的富子，恐怕一定是对丈夫羡慕不已吧。

这在当时的贵族女性当中，实属非常少有的个性——看到义政的所作所为，富子也产生了想找到一个能全心投入去做的事情的冲动。

如果说她这是在跟丈夫比着干是不正确的，倒不如说她从丈夫的行为受到刺激，有所触动会比较妥当。

事情发展到了这一步，那么将军家正妻的地位就给予了富子极为有利的环境。而且，富子并不是无论何种场合都会拿出这一有利条件来用的愚蠢的女人，她只是把精力全部倾注在一件事情——货币上。

不得不说富子的着眼点实在是够清奇吧。

男人们拼了命地去争夺他们视若珍宝的领地，在掠夺或是被掠夺的争斗中迷了心窍，然而富子对这些东西完全不放在眼里。

室町时代，正是货币作为通货出现、慢慢地就连最底层的庶民的生活中也离不开货币的时代。在这一点上当然守护大名们也都是如此，不过因为他们摆脱不了追求更多领地的执念，结果被夹在土地与货币这二重事物之间左右为难。

富子却没有这样的烦恼。她发现只要巧妙地使用货币，货币就会越用越多——这一神秘的现象让富子对货币彻底地着了迷。

富子认为无论如何把钱集中起来就是了，且不去辨别这敛财的手段。作为将军家夫人，她的钱财来自在山城与河内的御料所（即庄园）的收入。不过，她拿这笔钱去放贷给那些大名们，或是投机大米的买卖以试图从中独吞利益。

她不动声色地把钱借给那些在战争中挣扎、完全不知道何时才能打完仗的大名们，而且还因此赚了钱，这说明她理财的才能真是非同寻常。虽说她还曾借给西军的主将畠山义就①一千贯钱，不过说起这事儿，可并不是因为她跟西军的渊源深厚，才会对西军的军资施以援手。

富子还在京都的入口处设立了被称为京都七口的关卡，以维修伊势神宫与皇宫内里的名目向进入京都的人收税，传闻几乎所有的税收都进了富子的腰包。应仁之乱大体上结束以后，人们便发动了废除入京税的大型武装暴动，这件事情的确应该完全由富子来负责任。

下层人民为了将自己向高利贷或酒家借的钱一笔勾销而四处爆发的德政一揆②，在室町时代多得数不胜数。作为将军的义政本人也是负债累累，自然愿意顺从民意发布这样取消债务的法令。

然而富子却反对这样做。因为她用高利贷借出了巨额的资金，如果幕府发布了德政，那么她借出去的钱就会沦为一笔死账。看着不借钱就过不下去的庶民们的穷苦潦倒的生活，将军和夫人在这件事情上的立场出现了对立，因此要说富子会遭到人们憎恨也是不无道理的吧。

最终，没骨气的是那些男人们

不过，因为这个原因就一定要把富子当作恶女来对待，我还是觉得不够妥当。她和丈夫义政之间感情不和，这个原因使

---

① 畠山义就，室町中期武将，畠山也作"田山"，日本古代的名门之一。——编者注

② 德政一揆始于室町正长元年（1428年），是日本近代以前民众斗争的最高形式，源于高利贷借贷双方的经济矛盾，其主要诉求在于合法取消债务关系。——编者注

得她更加地不受人欢迎，索性称这个原因为"富子恶女论"的主要论点也不为过。可是，夫妻感情不和也不能怪富子。

跟丈夫之间的感情好或是不好，这在将军家里应该完全算不上是个问题。假定富子压抑自己的个性，成了义政心仪的妻子，这对事态的发展也起不了什么太大的变化吧。

盼了多年终于生下的儿子——义尚，也被拿来说成是因为她非要让自己的儿子当将军，才拉开了应仁之乱的大幕，不过这些是否可能都与事实相反呢？

义政的弟弟义视被作为养子立为下一任将军之后的第二年，富子生下了义尚。即便富子真的立马就动了要让自己的儿子继承将军之位的念头，但是要说她把此事托付给了山名宗全①，就显得有些奇怪了。

富子把想让义尚当将军的事情托付给山名宗全的历史记录，似乎在哪儿也都没找到。据我所知，那些说法都是些以身为母亲自然而然会有此想法为出发点而臆测出来的故事。暂且不谈义尚出生的那一年和应仁之乱内战频发之间并没隔几年，就拿义尚出生和应仁之乱最开始的年份来说，两者之间也仅仅相隔了十三个月。

而且，富子并不是体验过因继承家业而闹得血肉相残的武士门第的女儿。作为母亲，当然出于本能也会爱自己的孩子，不过这种爱是否非要体现成让自己的儿子当将军不可，可就不一定了。

我觉得倒不如说山名宗全才是那个提出想让义尚来继承将军之位的人。山名宗全的对手细川胜元成为下一任将军义视的

---

① 山名宗全（1404~1473），又名山名持丰，室町时代的守护大名。——编者注

辅佐，山名被细川抢了先招，于是决计从旁边插上一脚，就如同给自己的对手叫嚣着"你那儿是将军的弟弟，我这儿可是将军的亲生儿子"，一副要唱对台戏的姿态。

也就是说，在山名打算伺机而动的时间点上，富子刚好生下了义尚。要是把这件事也说成是富子的不对，那就等于在说不该生孩子，这个推理的方式就有些欺人太甚了。

"决不让这个孩子当将军"的说法显然也是说不通的。将军的长男成为下一任将军，从道理上来讲，是最自然不过的了。

结果到了最后，没骨气的还是那些男人们。一旦有像富子这样想做的事情就一定要坚持到底的女性出现，他们就会把自己对付不了的责任都强加到这些女性的身上去。《应仁记》中对义尚是后土御门天皇之子的记载，硬是将义尚出生数年之后富子和后土御门天皇之间发生的罗曼史胡诌了一通，时间场所一团乱，这也算是那些不把谁定为恶人故事就没法收场的无聊的通俗文化的罪过吧。

因为富子一辈子只贪恋金钱，因此她留给后世的，唯有这一尊放置在宝镜寺的木像罢了。

日野富子赞助了银阁寺的修建

那么，关于义政在东山修建的东山山庄（即银阁），富子是否与之毫无关系呢？

义政在其晚年倾尽全部精力着手修建东山山庄时，已经几乎不再承担任何能够称得上是幕府政务的工作了。义尚成为新的将军，义政也做了些前任将军通常会做的一些事。

　　若是要具体说说义政都做了些什么事，也不过是些社交应酬，或是去寺院、神社参拜之类的。这些事情就算是将军义尚去做其实也没什么区别。

　　因此，将军和将军夫人的庄园的经营管理，就成为幕府唯一的工作了。不用说，富子一定是尽情地按照自己的想法大展拳脚了吧。

　　足利将军家的财政，虽说跟造金阁寺的将军义满那会儿相比，规模小了很多，但是能把这个财政硬撑着运营下去，我想还是靠的富子的理财能力。

　　富子积攒起来的巨大财富，并没有被直接用于兴建东山山庄。义政为筹措兴建费用大伤脑筋，甚至都曾谋划以"御山庄要脚段钱"的名目向各诸侯国的大名们征收临时税。虽然征税一事进展不顺，不过东山山庄最终还是建成了，除了归功于富子牢牢地掌管着将军家财政，还真找不到其他别的理由。

　　富子如果只是个普通的女人，那么对政治和经济毫无才能可言的义政就得自己来打点一切，可想而知，如果真是这样的话，将军家的财政一定会弄得一团糟吧。

　　请允许我在此做一些大胆的想象，我想富子也许还对义政也放过高利贷呢。虽然贵族和寺庙神社向义政奉上了兴建东山山庄的一部分费用，不过还是远远不够。在这种情况下，如果我们设想他们会向富子借钱，然后再献给义政，那么在富子和义政都不知情的情况下，两人之间却已经是发生了实际的借贷关系了。

　　富子和义政，算不上是感情和睦的夫妻，不过往更深一点的层面去看，他们俩却有一个"只做自己真心喜爱的事"的共同点。我想他们夫妻之间一定是达成了某种共识，互相宽恕，互相给对方自由了吧。

要是把富子这样的女性说成是"恶女"，那么结果就会导致社会上很难涌现出优秀的女性，真要是如此，最终吃亏的还是男性吧。

银阁寺

第11章

大文字送神火是由谁开始的

——京都五山、大文字送神火的起源之谜

中川八幡宮

道風神社

162

二軒茶屋駅

実相院

妙見山
(船がた)

松ヶ崎
(妙法)

国際会館駅

高山寺

上賀茂神社

宝ヶ池駅

神護寺

大北山
(左大文字)

下鴨神社

叡山電鉄

詩仙堂

嵐山・高雄
パークウェイ

平岡八幡宮

金閣寺

高野川

曼陀羅山
(鳥居がた)

龍安寺

出町柳駅

銀閣寺

嵐電北野線

如意ヶ岳
(大文字)

嵯峨嵐山駅

北野白梅町駅

京都御所

京阪鴨東線

東大路通

JR山陰本線

河原町通

嵐山駅

二条城

嵐山駅

地下鉄東西線

二条駅

三条駅

帷子ノ辻駅

嵐電嵐山本線

河原町駅

京阪本線

松尾大社

四条大宮駅

烏丸線地下鉄

清水寺

桂川

鴨川

1

阪急嵐山線

JR琵琶湖線

阪急京都線

東海道新幹線

9

桂駅

JR京都線

171

京都駅

東福寺駅

近鉄京都線

阪神高速京都線

1km
N

4

主要出场人物

⊙ 足利义政

⊙ 横川景三和尚

⊙ 细川高国

应仁之乱后，京都山上出现了"船形"送神火

每年八月十六日的夜晚，环绕在京都周围五座山的山上，会有用篝火描绘出"大"或"妙""法"等巨大文字的"送神火"的活动。

送神火最长也不过是烧二十分钟左右的时间，委实不够尽兴，不过这个活动意味着每年七月从祇园会开始的京都的夏天，至此也就算是结束了。从大阪附近常常有装满了观光客的大型巴士开过来，现如今人们与其说是来看送神火的信仰活动，倒不如说是来看为了这一盛事而点缀起来的满山灯光装饰的感觉更强烈一些。

在京都五山的山腰上，用篝火燃烧出文字的形状，仔细思考一下这个具有奇思妙想的活动的意义，就觉得也不一定非要安排在夏天。例如可以在下着小雪的清晨，反倒比夏天让人更能饶有兴致地远远眺望大文字送神火呢。

以东京举例来说，关东大震灾和太平洋战争都使得东京作为城市的性质发生了极大的改变。这两个事件究竟哪一个对东京的影响更大呢。虽然太平洋战争中的大轰炸使得一大半的东京都被烧成了灰烬，不过，从让东京这样一个有机体的生命产生变化这一点来看，关东大地震的影响至今也仍然不容小觑。

那么京都又如何呢，即便历史上发生过应仁之乱，以及经历过明治维新时期的种种骚乱，不过这些事件都还没有达到能够改变京都的城市性质的那一步。

应仁之乱结束以后，在一片焦土之上建造出新的京都城的人们，他们都有着非常卓越的品味。

他们把一艘"船"推到了京都的山上。在北区西贺茂，能俯瞰京都市内景色的妙见山的半山腰上，人们弄出了"大文字送神火"之一的"船形"篝火。

每年八月十六日的夜晚，环绕京都三面的山上都会点燃盂兰盆会的送神火[①]。其中数银阁寺的后山，如意岳上点燃的送神火最为有名，通常所说的"大文字送神火"就是指的这里。

按照从右（即东边）往左的顺序，依次是如意岳的"大"文字篝火，松崎的"妙""法"文字篝火，西贺茂妙见山的"船形"篝火，大北山的"大"文字篝火（"左大文字"），以及曼陀罗山的"鸟居形"篝火，合起来称为"五山送神火"。以前据说也曾有过诸如"い"型篝火或是"蛇"文字篝火，但不知从何时起就只剩下这五座山上的了。

虽说并不是什么重要的事情，不过金阁寺后山（大北山）上点燃的篝火，通常被称为"左大文字"送神火。当固定站在

---

① 为了送走祖先的神灵而点燃的篝火。——译者注

某处同时看如意岳的"大"和大北山的"大"文字篝火时，从地理位置上来说，如意岳在右，而大北山在左，人们一般会认为这就是大北山的"大"字之所以被称为"左大文字"的原因。不过从"左京／右京"这样的称呼中我们也可以看出，京都人说的左右，是指面朝南站着的时候自己的左边和右边。如果照这个原则来考虑，大北山就应该是在右边了。

京都的送神火"左大文字"

还有一个别的说法，因为这个"大"字左边的那一撇有些过长，"左大文字"即为"左边比较大的'大'文字"之意。此外，还有设计这个"大"字的设计师是个左撇子之类的传言。因此，也说不定"左边比较大的'大'文字"的这个说法是正确的呢。

不过，倒是也可以认为"在左边的'大'文字"这个说法也并没有错。应仁之乱刚结束的那段时间里，京都被大火烧成了一片荒野，在城里都能听见小云雀们肆意地叽叽喳喳的声音。

也许刚刚从重创中走出来的京都人此时的心情，是想把用老一套划分左右的规矩，跟那些固有的严苛的繁文缛节一起，都痛痛快快地扔到九霄云外去吧。

要是照此说法，这个"大"字原本应该是"右大文字"，却被京都人糊里糊涂地弄成了"左大文字"，这个不经意产生的错误倒是京都历史上的一件趣事呢。

大文字送神火是为了告慰薄命的将军的亡灵

妙见山上的"船形"送神火，是在船的一根桅杆上扬起风帆的造型。

京都人可以说是非常喜欢拿地面做素材，然后在上面做造型的了。平安京就称得上是在地面上盖起来的一个雄伟宏大的户外艺术品，这个"大文字送神火"也同样如此。

人们在山腰处做好送神火的造型，点燃篝火，在夜晚的京都城里向着送神火的方向合掌礼拜，把亲人的"亡灵"送走，单凭这个构思就已经是非常新颖别致。而且将送神火的造型做成一艘扬帆远航的船，这就真的让人惊讶到匪夷所思了。做出这个"船形"的设计师会是什么样的人呢？"把船推到山上去"这个想法的依据又是来自何处呢？

京都山上是从什么时候开始有这个点篝火送亡灵的传统的，对于此事的各种说法都颇为含糊。传言大体上是足利义政做将军的时候，不过在文献中最早有所记载的却是庆长八年（1603年），目前还没有发现比这个更早的记录。

我倒是很愿意相信在民间隐约流传的从足利义政的时期就开始这个传统的说法。也就是说，民间传言说义政为了告慰年仅二十多岁就在战场上死去的儿子义尚的"亡灵",听从了相国寺横川景三和尚的进言而开始了这个送神火的祭祀活动。

大概没有比义尚更惨的"顶着灾星出生"的人了。在前面的章节中已经讲过,他的母亲日野富子不顾一切也要把他推向将军宝座的风言风语,在他出生还不到一年的时候就已经包围着他了。

"这场战争(应仁之乱)都是你的错!你这个家伙要是没有生下来才好!"义尚就是在这样的责难中度过了自己的少年时代。后来他虽然当上了将军,但是父亲义政、母亲富子,还有他的对手也就是叔父义视,谁都没有真正拿他当作将军看待过。

就这样,义尚走到了他生命的尽头。

战乱没有使任何人成为英雄

京都市民们在战难中流离失所,四处避难,他们虽然都是应仁之乱的受害者,不过当战争结束,活下来的人们却并没有忘了对义尚这个人物的命运表示同情。

应仁之乱,没有使任何人成为英雄。对于谁是这场内战的胜利者,也没有一个明确的说法。历史上,出现了大内或是织田这些下层武士,他们通过战争掌握了霸权,不过那也只是在他们所在的地区,跟京都没有任何关系。

这场战争给京都人留下的,只有无数的遇难者和满目疮痍的一片焦土,在义尚这个人物形象的身上,凝缩了在战争中亡去的人们的"亡灵",而活下来的人们却已拿不出什么东西去祭奠。

虽然没有听说过历史上有这样的记录，不过如意岳的大文字很有可能与义政有关系。与其说是可能有关系，倒不如说这两者之间的关系已经是不可割舍的了。

众所周知，如意岳是银阁寺的后山。义政在将有限的资金筹措起来修建银阁寺的时候，就已经有考虑要在后山的斜坡上做点儿什么。虽说最后他还是保持了斜坡原来的样子，不过也许他原本是想要弄出一个能让人们看见了大吃一惊，而且能够体现出自己对美的追求的纪念碑之类的东西吧。

银阁寺和如意岳的大文字，这样说起来还真觉得就是一对组合呢。

原本，义政到底有没有正儿八经地考虑过告慰义尚"亡灵"的事情，还真是不太好说。

义政和富子这对夫妻，我们不能拿世间一般的标准去看待他们。若是要问他们会不会把导致儿子义尚不幸的责任算到自己头上，在我看来，答案应该是否定的。

因此，我认为能将大文字送神火和义尚建立起联系的，只有那些幸存下来的京都人。虽然活下来的人也并不是在战乱中使出各种招数，手持武器上阵杀敌，最后获胜的一方，我想他们只是想要把心中的内疚之情毫不隐讳地传达给那些不幸离去的人吧。

在应仁之乱之后，据说有一种舞蹈以京都为中心，以惊人的速度流行起来。这种舞蹈就叫作"风流舞"。它的核心其实是一种一边念佛一边跳舞的宗教运动，不过舞蹈慢慢地脱离了念佛的宗教行为，开始唱起了独角戏，脱离宗教的束缚后，"风流舞"反而更加流行起来。

足利幕府难以忍受这一局面，甚至到了让管领①细川高国下令禁止跳舞的程度。

当时与风流舞同样遭到禁止的，还有纵火、武士之间试刀杀人②、盗窃等行为，由此可以想象，当时人们对这个舞蹈的狂热已经让当政者头疼到何种程度。

京都的舞蹈，被周围群山山腰上的火光一照，映衬出红红的光晕来。现如今观光表演的舞台颜色过于浓厚，点篝火用的木柴也越来越难弄到，因此篝火最多烧二十分钟就差不多熄灭了。在过去，五大山送神火一定燃的时间更长吧。在京都的各个角落或是村庄里，人们会围成圆圈尽情跳舞，并且用从山上带回来的火种点燃四处的灯笼，也许这就是过去的人们遵守的传统呢。

"妙法"是烽火，"船形"是朱印船

两个"大"字和"鸟居形"送神火的含义倒是多多少少能够领会，不过要理解"妙法"和"船形"送神火的意义，就得需要些说明了。

松崎一地原本就是延历寺的领地，由欢喜寺③掌管。日莲④的弟子日像来京都布教时，欢喜寺的僧人最先改换宗派，由天台宗变为日莲宗，在他们的强烈劝说下，所属领地的居民也整村都变成了法华⑤的信徒。据说为了纪念此事，民间开始出现了

---

① 管领为官职，相当于幕府中央最高行政官。——译者注

② 试刀杀人是指武士之间试验刀剑锐钝或比试武术高低的行为。——译者注

③ 属天台宗寺庙。——译者注

④ 日莲宗创始人。——译者注

⑤ 日莲宗又称法华宗。——译者注

"妙法"字样的送神火以及一种"题目舞蹈"①。

日像在京都布教是13世纪末的事，如果说"妙法"的送神火和题目舞蹈都与改换宗教门派是同一时期的话，那么可以推断五山送神火的宗教活动最初可能是从松崎开始的了。

不过，能够在天台宗领地的正中央地带高高地燃起法华宗"妙法"的送神火，无疑需要松崎这个地方的法华势力已经足够强大才行。果然在应仁之乱后的天文年间，法华宗就已经势力大到能发动宗教门派大战的地步，史称法华之乱②。"妙法"送神火，最初也许就是在宗派斗争中被当作烽火使用的吧。

松崎的"题目舞蹈"流传至今，每年的八月十五和十六，与送神火和当地的其他祭祀活动一起举行，像这种继承传统的例子已经非常少见了。

送神火的由来也有各种各样的说法，但是一提到西贺茂的"船形"送神火，却最多都只是些推测。这些推测中最常见的一个说法是，这艘"船"是用来送走亲人的"亡灵"的。虽然我们没有一本正经来听传闻的必要，不过听了这个说法再回头来看这艘"船"，会令人觉得还真是个非常合理的造型设计。因为按照传统的做法，人们在送走亲人"亡灵"的时候，会将送神火做成灯笼的形状让它随波而去，那么把送神火做成船形再点上火，这样即便是在山上，似乎也能达到送走"亡灵"的目的吧。

还有一种说法是，这个"船形"其实是模仿获得官府认可，

---

① 念佛舞蹈的一种，一边诵读法华经的"南无妙法莲华经"一边舞蹈。——译者注

② 法华之乱，16世纪初，发生于日本天文年间的日莲宗与一向宗之间的互相杀伐。——编者注

用于海上贸易的朱印船^①制成的。船尾和船头都高高地翘起来，从造型上来看，确实是朱印船没错。

我想倒不如把这个说法理解为对于"船"的造型，人们有一个认识上的形象转换。最开始的时候，大概真的只是被单纯地当作送"亡灵"的"船"，后来到了江户时代初期，京都嵯峨的巨商角仓家^②的朱印船的形象就被加了进来。自从朱印船被朝廷禁止以后，反而更让人们在这"船形"送神火的形象里寄托了航海贸易的梦想吧。

暂且先把造型的形状固定下来，之后仍然可以自由变换对造型所赋予的意义。那些能够让人产生与时俱进的想法的造型，才称得上是优秀的造型。正因为如此，关键还是在于我们去如何看待吧。

---

①　朱印船是指被许可前往吕宋、柬埔寨等东南亚地区进行贸易活动的船只，开始于1592 年。——编者注

②　此处指安土桃山时代以来的京都巨商角仓了以，其通过朱印船贸易获得巨大财富，同时致力于国内河流开发，深受民众尊敬。——编者注

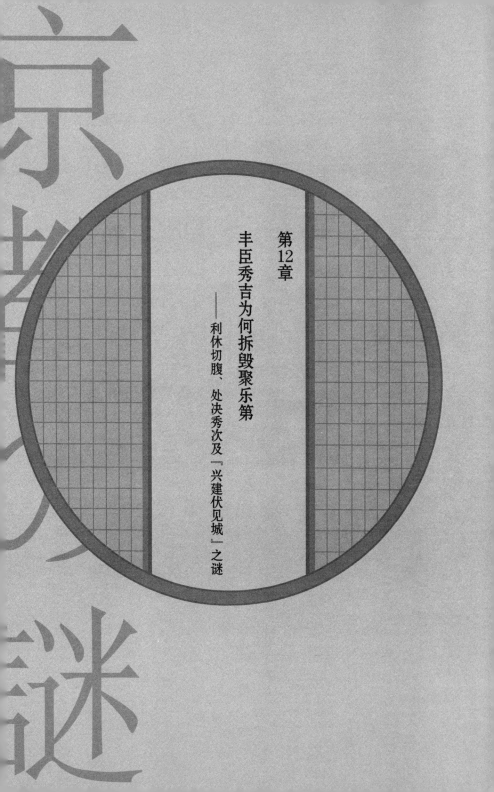

第12章

丰臣秀吉为何拆毁聚乐第

——利休切腹、处决秀次及「兴建伏见城」之谜

秀吉的野心是要将京都变为自己的城下町

太阁秀吉①，是个什么事儿都干得出来的男人。据说，他曾经想过要把自源赖朝以来的武家政治的常识都统统颠覆掉。

秀吉从心里对赖朝当征夷大将军、开创幕府的做法觉得鄙夷不屑。大将军虽说听起来名号响亮，但充其量不过是武士们的老大、天皇的臣子罢了。原本秀吉这个男人，压根儿就没有接受过关于武士之道的教育，从小到大过着散漫放纵的生活，只是因为觉得当武士是能让自己为所欲为的捷径，所以才走上了武士这条路。

正因为如此，秀吉干脆就自封为关白②。他一听说虽然天子是日本地位最高的人，不过能操纵天子的人就是关白，就立即让自己当上了关白。不过，他倒是没想要摄政③，这一点倒算是

① 摄关或关白让位于自己的子嗣之后，原来的摄关或关白被称为太阁。1591年，丰臣秀吉将关白之位让给外甥丰臣秀次，自称太阁。——译者注

② 辅佐成人天皇的最高官职。——译者注

③ 在天皇年幼或病弱的情况下掌握大权代为执政的官职。——译者注

有自知之明。

不过关白这种职位，历来都是从五大摄家即近卫氏、鹰司氏、九条氏、二条氏以及一条氏中选出来，因此秀吉便急忙将自己的姓换成了五大摄家源流的姓氏"藤原"。不过后来他还是觉得用藤原这个姓氏多有不便，于是自己造了个姓氏叫"丰臣"[①]，并且迫使朝廷承认了这个姓氏的存在。

然而，就是这个什么都难不倒他的秀吉，也碰到了一件他没能做成的事。

他原本想把京都改造成自己家城郭的城下町[②]，而这件事情却以失败告终。

因此，他后来只好转而求其次，把目光转向了京都南郊的伏见。那么，让秀吉的野心未能实现，京都最终没有成为他的城下町，这其中的原因何在呢？

我们现在都说是织田信长、丰臣秀吉统一了天下，对这个耳熟能详的说法，我们已经不抱任何的疑问，不过稍微动动脑筋想一想，就会觉得有些奇怪，明明有天皇代代延续，哪儿来的需要统一天下这门子事嘛。

这种想法并不是我个人的偏见，我想秀吉进入京都的时候，当时的京都人心里大概就是这样想的吧。

我们认定是信长和秀吉一手统一了天下，这种想法倒也不算是误解。统一天下后接下来该把首都定在哪儿，秀吉他们选择京都也是最自然不过的了。

不过我想，对于当时的京都人来说，这是件意料之外的事。

---

① 秀吉原名木下腾吉郎、羽柴秀吉。——编者注

② 城下町，是日本以城郭为中心所建立的都市，形成于战国时期。——编者注

　　一帮看起来邋里邋遢的男人，使出浑身解数将自己盛装打扮一番，他们高喊着"统一天下！统一天下！"，就冲进了京都城。而京都人这边呢，心里大概在说"你们这帮人，兴奋个什么劲儿呢，并没有发生什么大不了的事儿啊！"，我想当时的京都人就是用这个态度来看待秀吉统一天下的吧。

作为城下町的京都遗迹只剩下北野天满宫的御土居

　　不管京都人是什么态度，秀吉还是开始着手进行把京都变成城下町的改造工程。战国时代的名将大抵都是筑城的高手，秀吉也不例外。不过，京都已然是经年累月初具规模的都市，改造城下町的工程并不需要从零开始。

　　此次改造工程中最大的工事，要算在京都的四周建起"御土居"，把洛中①和洛外明确地隔绝开来。御土居从建筑的性质上来说，与兴建平安京时未完成的罗城门类似，不过这两个工事相隔了八个世纪。平安京是照着纸上谈兵的设计图，不管三七二十一盲目造出来的，与之相比，御土居工程则是按照更为现实的计划在推进。

　　御土居明确划定了城区内（洛中）的范围，除了有抵御外敌侵入这种政治军事上的目的以外，还有防止东边的鸭川和西边的纸屋川这两条河流造成洪涝灾害的目的。

　　据说已经很难准确地将天正十九年（1591年）完工的御土居的原貌复原出来了。不过，要说起这个工程到底起了多大的防洪作用，只需站在鸭川堤坝上看一看就会明白了。

---

　　①　平安时代对平安京雅称"洛阳"，洛中和洛外是由此派生出来的词汇。洛中即平安京京城以内，洛外与之相对。——译者注

从葵桥的西端，顺着堤坝上的车道稍微往北开着车看一看。读者们会惊讶地发现左边（即西边）的地面和鸭川的水位差不多是在同一个高度。

鸭川堤坝并不是秀吉所建造的御土居，不过这两者是差不多一样的路线。鸭川堤坝既有效地抑制了频繁发生的洪水之灾，又使得鸭川从军事意义上成为守护京都的护城河。

周长达到两三千米的御土居，现如今只剩下北野天满宫和纸屋川之间的一小段了。顺便提一句，据说 JR 京都站的 1 号站台（现在的 0 号站台），过去曾是南面的御土居，这两个代表着新旧时代京都入口的事物，看起来好像是命中注定被缘分牵在了一起呢。

秀吉确定的洛中的位置，是在将平安京的南北中轴线往东移动三分之一左右的地方。这个新首都的中心，当然是秀吉兴建的聚乐第（又称聚乐城）了。

用现在的道路名称来说，东边是堀川通[①]，西边是千本通，北边为元誓愿寺通，南边为押小路通，这四条街道就是当年聚乐第的外围。而且在这个区域里，还包含了以前平安京的内里[②]遗址。应仁之乱以后，内里被搬到了现在的御所的地方，而且规模也大为缩小，秀吉便以原来的内里为中心建起了自己的城堡。秀吉是用此举在向世人宣告自己成为名副其实统治京都的人吧。

聚乐第是桃山建筑文化的起源

天正十六年（1588 年），秀吉在这个聚乐第里迎接后阳成天皇行幸，大宴五日宾客。秀吉的权势，是得到天皇钦定的。

然而就是这个聚乐第，却在八年后被秀吉亲自拆毁了。现

---

① 日语中"通"有"道路"的意思。——编者注

② 天皇的居所。——译者注

在这一带除了以"聚乐"命名的地区和小学校，或是几个从聚乐第周围修建的大名宅邸而来的区域的名字之外，已经找不到可以拿来追忆往日情景的痕迹了。

不过，也还是能找到一个与聚乐第的历史有关联的地方。在松屋町街道一个叫下长者的地方的角落附近，有一个叫作"梅雨井"的古井。这口古井，是唯一留在当年在同一位置的聚乐第遗迹，直到最近些年，古井中的水还曾经仍然被作为饮用水使用，现在却已被人们忘得一干二净。一想到聚乐第往日的辉煌，不由得让人觉得心里空落落的。

据说聚乐第拆除后，几乎所有的建筑残存物都被移到了伏见城，没有移走的部分被用在了大德寺的唐门和西本愿寺的飞云阁上。因为伏见城后来也遭到了破坏，而它的建筑残存物又被进一步转移到日本各处，因此世人所说的桃山文化中的建筑文化的起源可以说是来自聚乐第吧。

秀吉的修建手法，从各个方面来看都有些蛮干的意味，而且极尽奢华之能事，外表十分绚烂华美，从他修建的方广寺大佛殿那块嵌入巨石的围墙就一目了然地体现出以上特点。秀吉对在殿中安置的佛像也要求越大越好，铸造工程极为简单干脆，虽说造的是木制佛像，却足足有十九米那么高。

不过，木制的佛像并不耐震。建成后的第八年，佛像便在大地震中毁于一旦。如同秀吉不懂武士之道一样，我想他大概也不太擅长去考虑关于如何将作品留传后世的事情吧。

秀吉用卑鄙的行径报复利休

秀吉撤出京都，搬往伏见城，是在文禄四年（1594 年）的事情。因此有必要对秀吉在京都的功过是非，在此做一个归纳总结。

用一句话来说，秀吉在京都的名声并不好，完全无法同他在大阪的名声相提并论。按说现在成为京都城市特色的纵横区域规划就是秀吉制定的，从大阪把本愿寺迁到京都来的也是秀吉，要是没有这个本愿寺，谁也无从想象江户时代的京都会是什么样子。日本人出门观光旅行，之所以总是以京都为首选之地，这其中本愿寺所占的比重也是不可估量。

然而，京都人对秀吉的评价确实不好。

秀吉的出身和成长环境不好是不争的事实，说白了秀吉不具备那些京都人看重的最基本的资格。不过，这些姑且不论，他杀害利休和秀次的事情也对毁坏自己的声誉产生了非常大的影响。

利休切腹事件是在天正十九年（1591年）二月二十八日，他死于聚乐第旁边的自己家里。上杉景胜①在利休临终之际，率领三千士兵将他的宅邸重重包围了起来。

有关秀吉命令利休切腹自尽的原因，当时的人们就已经有了各种猜测，利休的死一直都被笼罩在一个深深的谜团里。秀吉和利休，都是织田信长的家臣，随着秀吉不断地将权力集中到自己的手中，利休也潜心修炼茶道，成为超越大宗师一般的存在。那些还未对秀吉全面臣服的大名们，总是拿利休当挡箭牌，明里暗里做些试图反抗秀吉的事。而利休本人，一边有意无意地响应着大名们的期待，一边在茶道的世界钻研，成为日

---

① 上杉景胜（1556~1623），日本战国时期的武将、大名，丰臣政权的五大老之一。——译者注

本茶道的集大成者。

或许是因为在扩建大德寺山门的时候利休施以援手，并将自己穿着草屐（据说是利休首创的一种鞋底被牛皮包起来的草鞋）的木像立在了山门之上，或许是他在鉴定茶器时被人批判有失公允，或许是他没同意将自己的女儿小吟嫁给秀吉，以上种种猜测，都被说成是利休被秀吉下令切腹自尽的原因。利休深陷秀吉手下大名纷争的漩涡当中，他的这一立场和上述原因堆积在了一起，终于把秀吉推到了忍无可忍的境地。

在利休家附近的堀川上，有一条叫作"一条戾桥"的桥，秀吉首先命人将那个带来麻烦的利休木像从大德寺山门上撤下来搬运到此处，再把这个木像绑在桥柱上"施以极刑"。

而被砍下来的利休首级，虽然被送到聚乐第以验明正身，不过秀吉却拒绝查看，立刻让人将其拿到一条戾桥示众。利休的首级被压在了被"施以极刑"的自己的木像的脚底下。这是一场秀吉对利休的精心策划、恨之入骨的复仇。

原本利休把自己的木像立在了大德寺的山门上，街头巷尾风传这是企图把从山门下面经过的人（即秀吉）踩在脚底。"瞧瞧，你要是这么想踩我的脑袋，那就也踩踩你自己的脑袋吧！"秀吉对利休的做法，也许是他的黑色幽默吧。

然而，京都人并不喜欢这种赤裸裸地整人或是被人整的方式。他们觉得哪怕是手段卑鄙，用软刀子慢慢儿杀人的方法反倒更好些。换句话说，若是秀吉能做到不动声色地杀人，也许就不会像现在这样被人诟病了。

大德寺山门　曾经安放过激怒秀吉的利休木像

别名为"杀生关白"的丰臣秀次

秀吉的外甥秀次在天正十九年，也就是利休切腹自尽的那一年当上了关白，成了聚乐第的主人。不过，当上了太阁的秀吉毫无疑问仍然是掌握一切实权的人，而且他还让秀次立下了"不习茶道、不驯鹰射猎、不耽女色、不效仿秀吉"的誓约。秀次当上这样的关白，应该没什么值得高兴的吧。他后来之所以做出种种不人道的事，以至于得了个"杀生关白"的别名，也算是事出有因。

秀吉最初的儿子鹤松夭折后，秀吉大受打击，本以为已再无子嗣的福分，却不曾想和侧室淀君之间又有了第二个儿子秀赖。秀赖一出生，秀吉就马上决定要除掉秀次。

文禄四年（1595 年），秀吉先把秀次流放至高野山，之后逼迫其自杀，并将秀次的首级运到三条河原示众。后来又将秀次的侧室、爱妾合计三十四人，与秀次的五个孩子一起带到三条河原处死。这场总数超过四十人，而且全是针对女人和孩子的集团杀戮，在历史上也找不出第二个例子。

秀次曾经住过的聚乐第，也在建成仅仅八年之后，就被彻底地毁坏了。

秀吉以"兴建伏见城"的借口退出京都

秀吉放弃将京都改造成城下町就是这个时候的事情。在聚乐第度过的短短八年时间里，他先后杀害了利休和秀次，都是对他身边最近的人犯下的杀戮。御土居和聚乐第，不但没能防止这些事情的发生，反而为此提供了历史的舞台。就好像秀吉是特意跑到京都来，搭了聚乐第这个戏台子，上演了两出残忍的杀戮大戏给京都人看似的。

从京都搬到伏见去，既是想把在京都上演的"戏剧"收个尾，又有将未能实现的京都城下町改造工程，在距离一步之遥的地方从头开始的打算。

因此伏见城从属性上来说，就是京都的替代品，从一开始就是作为城下町被着手兴建的。

虽然光看地图也可以看个大概明白，不过还是实际地去伏见城看一看效果更好。读者们会惊讶地发现，伏见这个地方有很多非常奇怪的地名。毛利长门、金森出云、永井久太郎、松平武藏、井伊扫部、长冈越中、水野左近等大家熟知的大名武将们的宅邸遗址，就这么作为地名被原封不动地保留了下来。

这么说来，京都聚乐第的周围也有一些武将的旧居遗址，对所在区域的地名也留下了影响，不过数量却比较少，而且那些武将也都是秀吉的亲信。由于秀吉是在战国大名们的混战中最早打入京都的信长的后继者，当时日本仍然到处战乱不断，因此聚乐第这个地方也被赋予了斗争最前线的意味。即便秀吉成了最高权力者，也还是没能够让所有的大名们都俯首称臣聚到京都来。

因此我们有必要来重现审视一下秀吉退出京都迁至伏见的这件事情，利休和秀次，这些都是同秀吉的个人恩怨，秀吉应该也是想要抛下这些陈年因缘，往前走下去吧。

很难想象单凭君主王朝的历史和京都人的自治意识就能轻易地让秀吉放弃京都城下町的改造计划，我想有一点不可否认，那便是秀吉自己看清了状况，甘愿选择了放手。

让我们再回过头来看一看伏见城。伏见城本身是一个在海拔一百多米的山顶上修建起来的城堡。如今用钢筋水泥复原成以前的样子，而且已经与时俱进，演变成为一个相当大规模的游乐园。

站在伏见城上远眺，看到的景致固然不错，不过如果从这座建在山顶上的雄伟城堡的军事战略意义方面进行考量，就难免会产生疑问了。无论如何我都觉得，秀吉在建伏见城的时候，应该仅仅只是把它作为自己政权的官厅来设计的吧。

也就是说，秀吉的脑子里一定是充满了幻想，他以为从此以后永远都不会再有战争，自己创建的政权将世世代代地延续下去。

太阁秀吉于庆长三年（1598 年）于伏见城去世。秀吉去世后，由前田玄以和长束正家继续守护着伏见城，然而德川家康却无视这一切，装着什么事儿都没有似地冲了进来。历史上的关原合战，正是从围绕着伏见城打响的攻防战开始的。

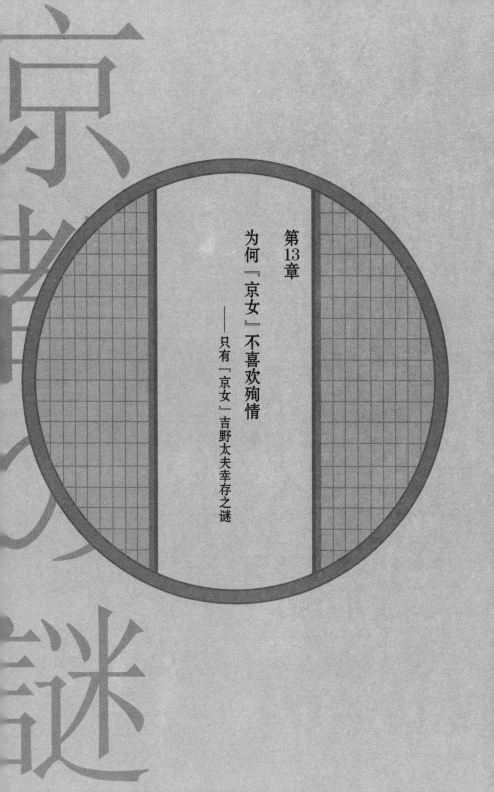

第13章

为何『京女』不喜欢殉情

——只有『京女』吉野太夫幸存之谜

吉野太夫是那时"京女"的代表

在鹰峰的光悦寺附近，有一个小小的寺庙，因为这个寺庙的山门被涂得红彤彤的，所以很容易被注意到。

这个寺庙叫作常照寺，开设有日莲宗僧人修行的学堂，不过进入山门之后右手边就有一个带冢①，在后面的墓地之中，又有一座被大量的卒塔婆②围着的墓碑，来此处参拜的人络绎不绝。

这里是京都名妓吉野太夫③的墓地。吉野因在吉川英治的《宫本武藏》一书中出现而开始变得有名，在此之前，她也曾经

---

① 供奉和服腰带的地方，日本佛教文化中为了向自己常年使用过的东西表示感谢而设置的一种佛前供奉。——译者注

② 卒塔婆在古印度中是供奉佛祖舍利的佛塔之意，此处指在墓碑附近放置的象征佛塔的细长型木板。——译者注

③ 吉野为地名引申而来的姓氏，游女（幕府时代开始对日本妓女的统称，因为从业人员在同一个地方待的时间短而得名）中地位最高的被称为"吉野太夫"，京都的吉野太夫沿袭了十代，文中讲述的是第二代吉野太夫的故事。——译者注

在井原西鹤的《好色一代男》中作为世之介的恋爱对象出现过，不过令人意外的是，很多人都认为书中的她是个作者虚构出来的人物。有时候因为过于有名反而会让人觉得不真实，这就是个很好的例子。

吉野是历史上真实存在的人物。书中吉野跟武藏见过面的事情应该是杜撰出来的，对没有名气的剑士而言，吉野作为最高级别的游女是个遥不可及的存在。不过在有关吉野的大量传闻当中，例如说她精通诗律、乐器、香道、茶道、围棋、双陆赌博等各种才艺，与当时社会上的一流文化人本阿弥光悦[①]交情匪浅，以及与灰屋绍益[②]恋爱结婚，等等，这些几乎全部都是事实。

明星或是那些人气高的人，无须讳言这些人在某种程度上都是被人为制造出来的。不过，就算用现如今的说法，吉野她也有着能与自己名气相匹配的实力，而且还能在红极一时的时候，甘愿改头换面，嫁做商人妇。

而且，这还不算完。吉野嫁给灰屋绍益后，作为妻子也非常出色，虽然只活到三十八岁就去世了，但那些因为早逝而没有完全发挥出来的实力，在其去世之后也给吉野带来了更大的名望。

我想，所谓的那时"京女"形象，就是以这个吉野太夫为原型而产生的。

因此，可以说这位吉野太夫就是那时"京女"的代表。从

---

① 本阿弥光悦（1558~1637），日本江户时代初期的书法家、艺术家。——编者注

② 灰屋绍益（1607~1691），江户时代初期的京都富商，与本阿弥光悦也是友人。——编者注

紫式部 [①] 的时代开始，虽然历史上出现了众多能够代表京都历史的女性，然而为何我会说只有吉野太夫才能够代表当时"京女"，且容我慢慢道来。

常照寺里的吉野太夫之墓

吉野与江户的阿七、大阪的阿初之间的区别

京都——吉野太夫

江户——蔬菜店的阿七

大阪——天满屋的阿初

按照我心里的标准，我从这三个都市的女性中试着选出了以上三位做代表。不过，如果读者们对阿七和阿初不太了解的

---

① 紫式部，日本平安时代女作家，创作了长篇小说《源氏物语》，对日本文学影响极大。——编者注

话，后面就很难写下去，所以我先简单地介绍一下她们的经历。

＊蔬菜店的阿七：天和二年（1682年）十二月，江户城遭遇大火，阿七在避难的寺庙里遇见了小姓①吉三郎，并与之相恋。火灾之后虽然阿七回到了自己的家里，却一心想着只要再发生火灾就能见到心上人，于是秘密纵火，结果被判处了焚刑。事件之后阿七的故事被以民歌的方式广为流传，还被作为一个章节收录在井原西鹤的《好色五人女》一书当中。

＊天满屋的阿初：阿初是大阪北边的花街柳巷里天满屋的游女，与在内本町酱油商店平野屋工作的手代②德兵卫保持着情人关系。然而之后德兵卫被要求娶平野屋老板的侄女，阿初也被看中她的武士赎了身。元禄十六年（1703年）的四月，二人在大阪曾根崎天神森林中相约自杀，近松门左御门所著的《曾根崎心中③》讲述的殉情故事就是以他们二人为原型。

把这三个人放在一起做比较，就会察觉到一个真相。

只有"京女"的吉野太夫，努力地给自己创造了一个全身而退的结局，而其他两位，却是用激情点燃了自己的生命，以戏剧般的结局了此一生。

"京女"应该不会跟情人一起殉情吧？

"京女"应该会更有智慧、更懂得巧妙地周旋吧？

所谓"京女"，到底指的是什么呢？

看岛原的"太夫道中"来追忆吉野太夫

吉野太夫，现在仍然是"京女"中地位最高的存在。

吉野作为名妓名满天下，在她被灰屋绍益赎身从良的时

---

① 武士的一种职称，多为在武将身边担任杂务的年轻人。——译者注

② 指在经商的人家里做会计或营业等业务的年轻人。——译者注

③ "心中"在日语中指一人以上的人相约自杀，大多为因情而死。——译者注

候，京都的游廓还在六条柳町（即三筋町）。后来于宽永十八年（1641年）被迁到了岛原，虽说吉野本人对岛原这个地方并不知晓，不过若要追忆吉野的生平，唯一的办法还是得先去岛原看一看。

角屋和轮违屋①这些陈旧的建筑被保存了下来，与当时在这些老房子里接待过公卿、大名与富商们的游女比起来，这些老房子自身的价值应该显得更为珍贵吧。

不过，因为我们是为了追忆"京女"而去的岛原，就必须得好好看一看现在的几位太夫向客人表演介绍太夫的仪式以及太夫巡游的盛景。

我想看了表演的人一定会从心里觉得不是件容易的事儿吧。从表演"太夫"的女性的角度来说，要想展示出太夫的才艺自是不容易，而对于坐下来观看才艺表演，假定为客人身份的男性观众们来说，若是真要与才艺如此超群的太夫打交道，怕是自己都会觉得才疏学浅，自惭形秽。

这些给大家表演才艺的太夫，她们的仪态举止和服饰穿着都在向人们展示着"京女"的全部魅力。

举止仪态温柔和善——温文尔雅；

书法行云流水，精通和歌与俳句——教养深厚；

不过分显摆自己的才艺——谦恭有礼；

再加上冷漠的神情，这却又是再应景不过了，更能衬托出"京女"内心深处的火热，让看客自是多出一分"多情却被无情恼"的愁绪。

总之，岛原的游女——吉野符合了男性们按照自己的心愿创造出来的"理想女性"，或者说"幻想中的女性"的完美形象。

---

① 角屋，指在岛原花街上营业的料理店。轮违屋，指岛原艺妓们的居所兼茶室。——译者注

特别是吉野，受到了以本阿弥光悦为中心的那个时代的顶尖学者、艺术家以及富商们的热爱。当然，吉野为了迎合他们，也不得不去学习和掌握在京都积累起来的各门各派的文化。

像吉野太夫这样能当上最高级别的游女的人，自然都是在良好的环境及本人的素质、努力相结合的情况下，经过艰苦的修炼才最终取得了成就。这可不是谁想模仿就能模仿的事情。

不过，虽然不是谁都能照原样模仿吉野，但若是把她的各种才艺进行分解，或是降低对各项才艺的要求倒是不难实现。想象着把吉野幻化出无数个分身，就如同在京都往地面上堆沙似的用这些分身造出一个游女的圆锥体。

越靠近圆锥体的外围的游女，才艺也就越少，越靠近圆锥体的底部的游女，就越算不上高雅，然而，圆锥体却是百分百由游女们组成的。

渐渐地，一夫一妻制的儒学伦理渗透到了整个社会。京都的老百姓都开始认识到"京女"的群体是一夫一妻制的伦理制约不了的，她们是另外一种性质不同的存在。即便如此，那时京都的女性们仍然会一兴奋起来就会嚷嚷着宣称自己可是不寻常的"京女"，嬉笑怒骂着，改不掉追根溯源把吉野太夫搬出来自诩的毛病。

吉野在本阿弥光悦的斡旋下嫁给富商

原本站在那时"京女"最高处的吉野，为何能够被普遍的一夫一妻制的社会伦理认同而走入婚姻呢？这是因为吉野在这件事上，又显示出了"京女"谦恭稳重的美德，才最终与富商灰屋绍益结婚，成为他的妻子。

富商灰屋绍益，原名为佐野重孝，家族世代经商，垄断了染布用的碱水的原材料，也就是当时染织业用的绀灰。灰屋绍益在他父亲那一代放弃了祖传家业，手握着用之不尽的财产，过着超尘脱俗的日子。佐野家跟本阿弥家有些亲戚关系，绍益本人也精通茶道、蹴鞠、鉴赏书画，他所著的随笔《にぎはひ草》①在近代文学中得到了很高的评价。

这位绍益对吉野一见倾心，马上就决定要和她一起生活。传闻他为了给吉野赎得自由身，花了一千三百两黄金。

然而，佐野绍益的家人对此并不知情。虽然具体是什么情况已无从考证，不过据说绍益曾经一度从家里搬出去，在外面与吉野过了一段二人世界的生活。

最后，本阿弥光悦出面从中调解，绍益终于把吉野带回了佐野家。

吉野让所有人都对她心悦诚服正是发生在这时候的事儿。佐野家设宴款待宾客，表示接纳吉野进门，家里的女眷们也都打扮一番出来见客。不过，吉野却千呼万唤不出来。无论怎么去请她露面，她都一直坚持说"像我这样的人，就在里面待着就足够了"。

如果吉野只是做到这一步，很有可能反而只会让人觉得"这人怎么回事？何必如此惺惺作态？"有位女眷等得不耐烦，跑到厨房一看，一身下人装扮的吉野正在那儿认认真真地刷着盘子呢。她同来催她出去与客人见面的人说："佐野家肯把我这样的女人娶进门，我已经是不胜感激。我只愿从今往后就被当

---

① 书名直译为"欣欣向荣的草"。——译者注

个下人伺候家里人左右，让我待在家里最不显眼的地方。"

吉野进佐野家的轶事，虽然有各种各样的版本，不过这些版本的共同之处都是从此之后万事顺意，可喜可贺。

需要请读者们留意的是，从绍益对吉野一见钟情开始，到吉野正式成为佐野家的媳妇为止，都找不到吉野在此期间里任何表达自己观点的记载。

在游廓的世界里，她能堂堂正在地跟那些一流的名士们棋逢对手，然而当她从游廓里走出来，哪怕只是往前迈出一步，都会有一张不怀好意的网在等着随时刁难她。

要想走出去就非得冲破这张网不可，不过，就连这张网也是绍益拽着在往前走。如果她不能把自己作为日本第一名妓的实力与个性通通抛弃掉，这张网怕是也冲不过去。

吉野完美地实现了自己的身份转变，这正是"京女"的真本事所在。可以说，这是"京女"与生俱来的才能，可不是那种边看边学就能会的三脚猫功夫能比的啊！

具备平安时代的文化素养的游女才算是"京女"

那么，"京女"到底指的是什么样的人呢？

当然，"京女"这个群体现在已经销声匿迹了。不管是说她们"消失"了还是说她们被时代"灭绝"了，反正现状是一个"京女"都没有了。

"京女"中的"京"字，如果把它当作是"京都"的"京"，读者们就很难去很好地理解我想要说的话。"京"其实指的是"京城"的"京"，也就是首都的意思，我想请读者们首先理解这一点。

虽然说起来不大顺口，不过要是把"京女"的说法换成"皇城根儿的女人"，大家也许就不会弄错它所包含的意思了。

因此，那时"京女"这个群体追根溯源，由于职业属性，她们其实是与朝廷有关系的女性。但并不是指那些皇族、贵族之类的有着高贵身份的女性，而是平安时代的职业女性，例如被称为"女房"^①的这个阶层，其中不乏紫式部、泉式部这样的才女。

她们的学问才识，以及常和政治家们打交道而练就的处理难题的本事，都是作为"京女"的首要条件。不过，她们也绝对成为不了手握权力和财富的人。

作为自己手里既无权也无钱的一种职业，这就衍生出了第二类的"京女"，也就是我们所讲的游女。

有人会说，只要世间有男女存在，像"游女"这类职业立刻就会出现，犯不着这么煞有其事地还谈什么渊源吧。不，这种想法可不对。在对"性"几乎毫无偏见的那个时代，游女算得上是一种"精英行业"。她们用自己的教养或品位等硬性条件将自己与一般女性区别开来，若是没有教养和品位的支撑，游女这种跟对性不抱偏见的男性打交道的职业是不可能成立的。

总而言之，具备了平安时代的文化素养的游女，才能算得上是"京女"。

那么，假设紫式部也当了游女，当时的人们是否也会称呼她为"京女"呢？

答案肯定是不会。

为什么呢？因为在紫式部的时代，京都是当仁不让的首都。

---

① 在朝廷工作的女官。——译者注

因此，就没有特意强调"京城"的"京"的必要了。

我认为"京"或者"江户"这些说法之所以会被人们特意地加以强调，应该是在京都和江户作为首都的城市地位先后慢慢丧失的时候，也就是说，在它们面临着日益没落且不可逆转的危机时，这些特意强调它们城市地位的说法才会突然地凭空出世。

本阿弥光悦曾经在鹰峰打造艺术和宗教^①的世界，从这件事情当中，你有没有感受到本阿弥之流在使出浑身解数，去试图重新点燃被世人认为即将熄灭的日本王朝的文化火焰呢？

吉野，是受到光悦眷顾的时代的才女，同时她也是一名游女。光悦把自己的好朋友灰屋绍益介绍给吉野，并促成他们之间的一段佳话。不能仅仅把这件事当作是出于纯粹的同情或是精于世故的交情。我猜想光悦也是很想在才子佳人的恋情中，看看他们在交锋中如何展示平安时代的文化与才识吧。

然而，吉野却打破了光悦的梦想。她最终收敛光芒，安于本分，做了商人家的谨小慎微的妻子。

这就是那时的"京女"。

"京女"和蔬菜店的阿七或者天满屋的阿初不一样，她们只会我行我素地活着，一旦遇到走不下去的时候，就做出毁灭或者逃避的事。

吉野却让世人看到她给自己的人生画上了一个圆满的结尾。虽然这不是件容易的事，不过吉野却能够做得漂漂亮亮，这正是她享有盛名的根源所在。

常照寺的红色山门是吉野当年捐赠的。创建了常照寺的日

---

① 此处的宗教指法华宗。——译者注

干上人，曾经在六条柳町坚持一定要见大名鼎鼎的吉野一面，他们因此结缘，最终吉野皈依了日干上人的日莲宗。

吉野同时又被视为艺能之神。在她的墓地里供奉着的卒塔婆，据说都是艺能界里的名人捐赠的。

每年四月的第二个星期日，都会有岛原太夫表演"太夫道中"并举行向吉野的墓碑供奉鲜花的活动。追忆那个时代"京女"的最直截了当的方法，莫过于在这一天里去常照寺看一看了吧。

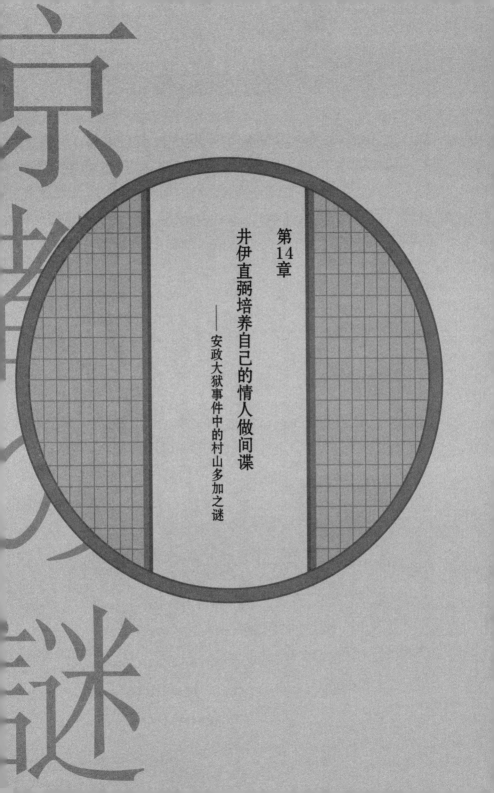

第14章
井伊直弼培养自己的情人做间谍
——安政大狱事件中的村山多加之谜

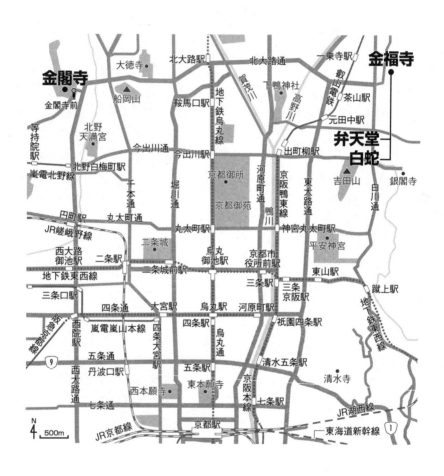

金福寺里的"白蛇"

我想这个寺庙应该被称为"蛇寺"才对。

之所以想把这里叫作"蛇寺",当然是有充分的理由。不过,因为蛇听起来实在有些阴森森的,再加上还有一位女性跟这个寺庙颇有渊源——据说正是她把蛇带到寺庙里来的,而这位女性总的来说算是个反面人物,如此种种,实在让人不好直接将这个寺庙称为"蛇寺"了。

坐上往八濑比叡山口方向,或是往鞍马方向的叡山电铁,到一乘寺站下车,朝着山的方向再稍稍走上一会儿,就到了因宫本武藏①和吉冈一门的"一乘寺决斗"而闻名的一乘寺垂松这个地方。

再顺着路继续往前,经过石川丈山的诗仙堂,再走右边的

---

① 宫本武藏(1584~1645),日本战国末期至江户时期的兵法家、剑术家和艺术家。留有剑术书《兵道镜》及兵法理论著作《五轮书》等作品。日本民间关于他的传说颇多。——编者注

路爬一会儿斜坡，会看到一座叫金福寺的禅宗寺庙。前面我说的可以称作"蛇寺"的那个寺庙，就是指的这个金福寺。

从文久二年（1862 年）到明治九年（1876 年）左右，有一位尼姑曾经住在这里。她削发为尼之后的法号是"妙寿"，而原名叫作村山多加。有一段时间她还使用过加曾惠这个名字。

金福寺弁天堂的兽头瓦（白蛇）

金福寺是一个很小的寺庙。俳句诗人芭蕉①曾经在此处停留过一段时间，后山上有他住过的草庵。在芭蕉造访此处之前，那个草庵没有任何的名气，在芭蕉来过之后就被称为了"芭蕉庵"。后来又荒废了许多年，直到与谢芜村②出现，对它进行了一番复兴。

后山的芭蕉庵呈现出一片静谧的氛围，而一说起金福寺就会联想到的蛇的形象，却与芭蕉庵的沉静安宁形成鲜明的对比，这些蛇大抵都带有一种让人觉得剪不断理还乱的执念吧。

---

① 江户时代前期的俳句诗人，全名为松尾芭蕉。——译者注
② 江户时代中期的俳句诗人、画家。——译者注

穿过金福寺的门的左手边，有一个小小的弁天堂①，这个弁天堂是前文提到的村山多加捐赠的。弁天堂的屋脊的兽头瓦，是蜷成一团的一条蛇的形象。让我们先记住白蛇是弁财天②的使者这回事儿。

弁天堂的里面安放着一个小小的宝塔，而宝塔之中也供奉着白蛇。

除此之外，在弁天堂内的一张小桌子的里面，有着用墨笔写的"明治二年己巳年，己巳月，己巳日，于本寺，妙寿"的文字。巳指的是十二地支中的蛇。

村山多加就是在这样一个处处与蛇有关系的环境里度过了自己的晚年，那么她到底在这些"蛇"的身上寄托了什么样的心愿呢？

在来到这个寺庙隐居之前，多加是幕府、更准确地说是被井伊直弼③派到京都来的一名女间谍。同时，她也曾经是井伊的情人。

才貌双全的多加有着坎坷的前半生

村山多加的出身是什么样儿的？要是说到一些细节之处，因为传闻实在是众说纷纭，所以谁也弄不清楚。

多加是近江国彦根的多贺神社的僧人（在神社担任各种佛事的僧人）的女儿，从小被多贺神社般若院的住持抚养，

---

①　弁天为佛教的守护神。——译者注

②　弁财天源自印度教的辩才天，也叫辩才天女，传至日本的"弁财天"为日本民间信仰的七神福中的"一点红"，是其中唯一的女神。——编者注

③　井伊直弼（1815~1860），日本的近江彦根藩主，江户幕府末期的大老，大老为辅佐将军的最高职位者。——编者注

成年后最开始是被送到井伊直弼的上一辈——井伊直亮的身边做侍女。

后来多加去了京都，在祇园做事的时候认识了一位在金阁寺担任警卫、姓"多田"的寺院武士，并且嫁给了他。多加还生了一个男孩，这个男孩也就是后来为了救她而被土佐藩①的人杀害的多田带刀。不过也有传闻说带刀其实是多加的丈夫和前妻生的儿子。

再后来多加又回到彦根，受到了井伊直弼的照顾，当时的直弼虽说是嫡子的身份，却并没有料想到自己有一天会有当下一任藩主的机会。

多加生前一定是个美人吧。有人用彩色素描再现了她被绑在三条河原示众时的情形，当时的她虽然已经年过五十，却依然面颊丰满，美得让人着迷。

在京都的游廓工作时的苦心修炼，使得多加成为一名才华横溢的女子，我想在直弼尚未得志的时期，多加一定是集他的宠爱于一身吧。

另外，据说多加还曾经在京都御所里骏河局的女官手下做过事儿，所以她对宫廷里的事情也十分清楚。

多加在彦根时同直亮与同直弼的关系，以及在京都时在御所和祇园工作过的经历，这四件事情之间是什么样的时间顺序，除了可以肯定她和直弼的关系是排在这四项中的最后这一事实，其余的都是些未解之谜。

还有一位叫长野主膳（真名叫义言）的男性与多加也有关系。长野是国学大师，他带着有病在身的妻子来到近江路讲学

---

① 土佐藩是日本废藩置县实施之前于土佐国（现在的高知县）一带的统称。——编者注

的时候，受直弼的邀请做了他的老师。多加也同样做了长野主膳的弟子。

村山多加有在御所工作过的经验，这对她作为间谍去探寻尊王攘夷派①的动向帮助很大。同样，长野主膳也凭借自己的门生是专门同二条家②做生意的商人的关系，得到了出入二条家的机会。

村山多加和长野主膳，这两位同京都的宫廷有关联的人物，都是井伊直弼身边的人。

如果直弼的命运后来没有发生什么变化，且不说长野主膳，村山多加肯定就没必要再返回京都吧，她会在彦根靠自己的才艺谋得一席安身立命之地，像个普通人一样过上一辈子吧。

然而，突如其来的变化使井伊直弼当上了彦根藩的藩主，而且时代的车轮还将他进一步推到了幕府大老这个重要的职位上。

这些变化将多加和直弼分开了，不过不用说这种分离当然只是暂时性的。而前文谈到的长野主膳，则收到彦根藩的聘请，在藩主直弼的身边担任起要职。

多加暗中操纵了安政大狱

安政五年（1858年）的京都，面临着将军继嗣以及在条

---

①　日本江户时代末期以"尊王攘夷"为口号的政治运动，即"尊王攘夷运动"，"尊王攘夷"的成员有各地的下级武士、村吏、富商以及公卿中要求改革幕政或与幕府有矛盾的人物。——编者注

②　朝廷的五摄家之一。——译者注

约①上签字这两大难题，社会上的有志之士们群情激愤，围绕着这两大问题展开了声讨幕府的运动。

虽说这场运动闹得声势浩大而且似乎没完没了，不过对有天子坐镇的京都来说，却也觉得有些打打闹闹也是没办法的事儿。从京都这个地方的人的本性来讲，例如如果现在被谁赞美一句"京都可真是个安静的好地方呢!"，京都人听了才不会高兴呢。

社会上一掀起运动确实会有些吵得不安宁，但是只要这是与天皇有关的政治运动，京都人的血液里流淌着的关于王朝时代②的记忆，或者是室町时代因幕府的内部纷争而引发大战，最终将京都烧为一片焦土的记忆，都会一经触碰就苏醒过来。

村山多加装作一副对京都毫不知情的样子回到了京都城里。她到处托人情，终于又有了出入以前工作过的御所的机会，而且貌似和关白九条家的岛田左近之间也建立了联系。岛田的出身虽不明朗，不过他成功地潜入关白九条家当上了诸大夫，和长野主膳一起成为朝廷佐幕派的领军人物。在打压尊攘派时，岛田使用了穷凶极恶的手段对付志士们，最终被当作"天诛第一号"首当其冲遭到暗杀，以极不体面的死结束了一生。

因为多加需要与岛田这样的危险人物配合着从事间谍工作，因此更得处处相当小心。

我想在多加的各种伪装中，莫过于多加是长野主膳妾室这个虚构的关系设定了。尊攘派志士和井伊直弼、长野主膳之间进行的虚虚实实的间谍战，最终似乎是以井伊与长野的

---

① 指《日美友好通商条约》。——译者注

② 与武家政权相对应的天皇亲政的奈良时代与平安时代，尤其是平安时代。——译者注

胜利告终，也许在这场间谍战中这个人物关系的设定还真派上过用场呢。

最开始公开指出"村山多加是长野主膳的妾室"这种说法的是土佐勤王派①。当时井伊直弼已经去世两年，长野主膳也被斩首，多加在遭到逮捕之后被土佐勤王派带到三条河原示众。

文久二年（1862年）的七月，首先是岛田左近作为"天诛第一号"被追杀，紧接着在十一月，村山多加在她藏身的洛西一贯町的隐蔽住处里被勤皇派抓住了。

在三条河原被示众时，多加的身边立着一张写满了她罪状的布告牌。布告牌上是这样写的。

> "村山加曾惠。
> 此女乃长野主膳之妾室。自戊午年（安政五年）以来，协助主膳实施阴谋诡计，胆大妄为，无耻行径，犯下不可饶恕之罪状。念其为女子，免其死罪。"

在这份罪状里，与具体指出她做了哪些坏事相比，她是长野主膳的妾室以及她对主膳施以援手这些地方才是控诉的重点，而这些行为都是不可饶恕的。

显而易见尊王攘夷派最憎恨的人是长野主膳。土佐勤王派人口中的"自戊午年以来，协助主膳实施阴谋诡计"正好说明了这一点。虽然大老井伊直弼才是在幕府最核心的地方指挥大局，并残忍地发动镇压反对派的"安政大狱"的罪魁祸首，然而在京都抓捕志士并将他们关进监狱进行迫害的直接指挥人却

---

① 幕府末期，在土佐藩打出"尊王攘夷"口号的团体。——译者注

是长野主膳。

如果多加真的是主膳的妾室，虽说心里多少也会觉得她可怜，不过也只不过是把她抓到三条河原示众就作罢，这个处罚也算是比较轻了吧。

双重烟幕弹将幕府也蒙在了鼓里

不过，多加真的是长野主膳的妾室吗？

这正是特务不好当的地方。多加并不是主膳的妾室。如果非要给个说法的话，她倒是在樱田门外被人杀害的大老井伊直弼过去的情人。

安政五年，多加作为幕府的间谍被派到京都的时候，她和直弼之间的情人关系就必须得隐藏起来。虽说这种事情无论怎么藏也会露出尾巴，不过至少得尽可能地放出些烟幕弹来掩人耳目。

因此，多加就如同被戴上了多重面纱，表面上她是一名曾经在御所工作过、现在又重新回来工作的女子。其次她是长野主膳的妾室，二人之间是私人关系。而隐藏在最深处的多加，则是作为间谍被井伊家派到京都做主膳的搭档。我想是按这样的顺序来给多加做设定的。

而且我认为，一定还有别的渠道，秘密地将"那个自称村山加曾惠的女人，其实真名叫村山多加，她可是长野主膳的小老婆！"这种情报泄露给了京都各个重要的地方。而把这个与多加有关的情报散布出去的事儿，只会是井伊家的自己人干的。

要想充分利用多加在御所工作过的经验，而且将她和直弼之间的关系一并抹掉，就有必要让井伊家在京都的工作人员以及幕府的官僚们都知道有这么回事儿。

从井伊家的核心内部放出来的"村山多加是主膳的妾室"这样一个障眼法的情报，就连从江户幕府派到京都来的御徒目付①们都中了计。在御徒目付的内部侦察报告里，写着这样一些内容。因为幕府内部的情报人员连大老井伊直弼的日常行事也都会进行调查，所以这份报告的内容并没什么值得奇怪的地方。

> "此女以前曾在京都御所工作过。
>
> 　有缘嫁于上一代藩主井伊直亮做妾室。
>
> 　因与家臣长野主膳私通一事败露，此女被遣返回了京都，主膳也因此遭到了驱逐。
>
> 　之后二人结为夫妇，同在九条关白家奉事，在直弼殿当上大老之后，主膳得以再次为井伊家所聘。此人深谙国学，精通和歌，凭此才能在京都与公卿贵族交际甚广……"

要想让敌人上当受骗，就得先把自己人也给骗住，多加牢牢地坚守住了这个做间谍的原则。

我们对多加当时具体做了哪些间谍活动知之甚少，不过如果做间谍的人留下自己的行踪可循，那也就算不上是个好间谍。只有一件事情被确定是多加干的，她通过一系列的调查，使得一个叫六物空满的祈祷师沦为了"安政大狱"的牺牲者。

这个姓六物的男子，住在六角通的油小路附近，经常把城

---

①　江户时代在幕府以及各藩设置的负责要人警卫以及侦察内部人员的一种职位。——译者注

里的女性们召集在一起做些向神佛祈祷的法事。听说他计划向
孝明天皇献上治疗痔疮的良药，这个消息被多加打探到了。

在多加上交的报告书里，并没有写六物这个人有什么可疑
之处。不过一旦被人起了疑心，向天皇献药这样的事情就足以
定他的罪。根据审讯记录中的记载，六物将自己写的诊断书做
成了奏折，说如果天皇不照着自己开的方子进行疗养便会危在
旦夕，而且六物还真的企图要把这份奏折交给天皇。结果六物
就这样被发配去了远离陆地的孤岛。

有关多加的情报中提到，她之所以会来到京都，并不是自
己要来，而是因为受到上一代藩主井伊直亮的责罚，才被赶回
了京都。

另外提到的一点是，主膳和多加早在彦根的时候就发生了
关系，这也正是会受到惩处的根本原因。

总的说来，前者是为了便于多加开展间谍活动而编出来蒙
骗那些在京都的人的谎言，而后者则称得上是为了瞒过幕府，
在井伊家内部下了限制谈论有关多加的事情的禁口令。

土佐勤王派的人，虽然看破了有关多加的第一道烟雾幕，
却还是被这些信息蒙蔽，对第二道烟幕弹信以为真，认定就是
那么一回事。

多加被捕之时，井伊直弼和长野主膳都已经死了，理所当
然她也已经和井伊家断绝了关系。

因此她若是这时候道出了事情的真相，也应该已经没什么
大不了的。

然而，她最终似乎什么也没说。或许是多加想对死去的直

弼尽未尽的情分，又或许是她做间谍多年，习惯了缄口不言的生活。

不过，若是看一看金福寺里的那些白蛇，就会觉得后一种猜测也许是不对的。她捐钱建弁天堂是明治二年（1869 年）的事儿，那一年她正好六十岁。也就是说多加是属蛇的女人。

蛇这个属相，尤其对女性来说，诅咒和怨恨的象征色彩比祝福的意味要强烈得多。有关诱惑男人的美女蛇的传说比比皆是，反过来这又使得人们更加迷信蛇年出生的女人是祸害男人的妖精。

就算建弁天堂时多加已是花甲之年，她却仍然要用白蛇在自己安身立命的寺庙里抹上一层诅咒的色彩，想必她也是还没完全死心吧。

那么，多加还在诅咒什么呢？是诅咒男人，还是自己蛇年出生的宿命？

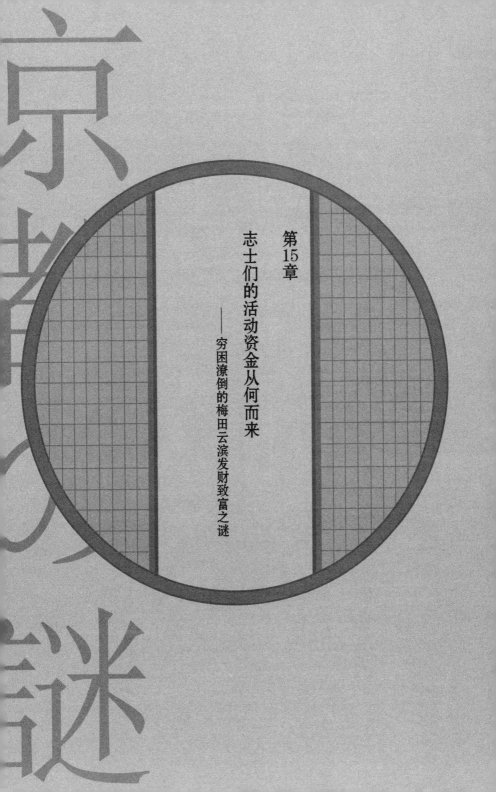

第15章

志士们的活动资金从何而来

——穷困潦倒的梅田云滨发财致富之谜

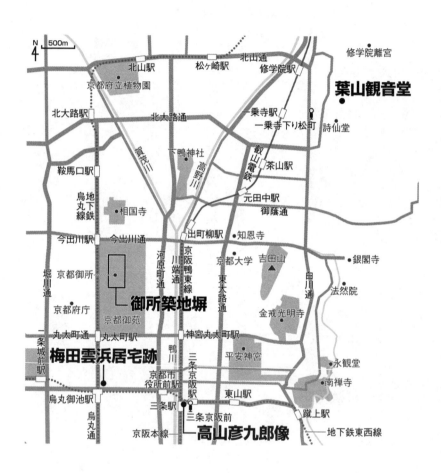

N
4　500m

修学院離宮

北山駅　松ヶ崎駅　北山通
修学院駅

葉山観音堂

京都府立植物園
一乗寺駅
北大路駅　北大路通
一乗寺下り松町　詩仙堂

下鴨神社
叡山電鉄
茶山駅
高野川

鞍馬口駅

烏丸地下鉄線
相国寺
元田中駅
御蔭通

今出川駅　今出川通
出町柳駅　知恩寺

京都御所
河原町通
川端通
京阪鴨東線
京都大学　吉田山　銀閣寺

堀川通
京都府庁
京都御苑
白川通
法然院

御所築地塀

東大路通
金戒光明寺

丸太町通　丸太町駅
神宮丸太町駅

二条城前駅
梅田雲浜居宅跡
平安神宮
永観堂

鴨川
京都市役所前駅
三条京阪駅
南禅寺

烏丸御池駅
三条駅
東山駅
蹴上駅

烏丸通
三条京阪前
高山彦九郎像
地下鉄東西線
京阪本線

先在三条大桥的桥畔驻足看一看

在京都的尊攘派当中，有一位穷苦潦倒的有志之士。

虽说传闻里也有长州的木户孝允（又名桂小五郎）曾在鸭川的桥底下当过乞丐这样的事情，不过那是为了躲过新选组的耳目而做的乔装打扮，后文中会讲到木户这个人，他出身上流阶层，因此是个"有钱"的藩士。

而我们要讲的这位穷苦的志士，却是个连住的房子也租不起，偶然发现一乘寺的叶山观音堂没人打理，就拖家带口住了进去，算是穷到了这份儿上。

这位志士叫梅田云滨。在井伊直弼强行发动的"安政大狱"事件中，他作为反对幕府派的志士首领，最先遭到了杀害。

不过，当上了首领就得需要活动资金。而谁都知道云滨穷得叮当响，他从哪儿弄来这笔钱呢？

不止云滨，幕府末期在京都从事秘密活动的这些志士们，他们的活动资金，究竟是从哪里筹措来的呢？

为了把这些事情弄清楚，我们就先从三条大桥[1]旁伫立的高山彦九郎[2]的铜像开始谈起。

与人相约会面，商量着在哪儿碰头，实在是件十分刺激的事儿。

经常有人会精心打扮一番，把约会地点定在酒店的大堂，不过这样似乎缺少了一点儿情趣。再加上有时候约人见面还想要讲究些好兆头，地方就更难选定了。

若是在东京，涩谷站附近的忠犬八公像前是最常提到的碰头地点，第二次世界大战以后数寄屋桥和有乐町也成为人们经常相约见面时碰头的地方。

传说中的忠犬八公，等到最后也还是没有等回来自己的主人，如此看来选这个地方碰头并不是个好兆头，然而人们还是愿意选这儿，也许是心理的反作用吧。

在京都，因为有名的地方实在是太多了，所以反倒好像并没有一个约定俗成的"用于碰头的有名之处"。不过，在三条大桥的东端，倒是经常能见到一些总在那儿相约着碰头的人。

他们一定是约好了在"高山彦九郎的铜像前"碰面的吧。不过，冬天可不行，因为鸭川上冷飕飕的风，可是会迎面吹过来的啊。

---

① 日文原著中此节原文标题为"二条大桥"，但根据内容此处更正为"三条大桥"。——译者注

② 高山彦九郎（1747~1793），尊王派，曾去往各地宣扬尊王思想，因愤懑而在久留米自杀。——编者注

从三条大桥旁眺望御所的高山彦九郎铜像

高山彦九郎为满目凄凉的御所落泪

高山彦九郎的铜像，以坐姿安置在基石之上，两手着地，目光望向位于西北方向的御所。据说彦九郎第一次来京都的时候，御所的土围墙都倒掉了，一眼就能看见里面的宫廷里的房子。信奉天皇的彦九郎情不自禁就一屁股坐在了地上，他看到御所破败成这般模样，情不自禁眼泪扑簌簌地掉了下来。

彦九郎铜像的头部，是稍微向下低着头的姿势。这个造型大概是在表现他擦干眼泪，暗下决心的那个瞬间吧。彦九郎暗暗打定主意，一定要使出浑身解数来恢复御所往日的气派。

对京都人来说，若是来京都的客人是来游山玩水的，自然盛情接待；若是跑到京都来争夺天下的，那也有的是兵来将挡水来土掩的经验。然而，这个高山彦九郎一来就小题大做，脑子一根筋的"尊皇家"，还真是个令人生厌的外地人。

彦九郎嚷嚷着"你们这些京都人住在天子脚下，却忘了感恩戴德，对御所不管不顾，看看你们都干了些什么！"

虽然被彦九郎说得如此不堪，不过御所该是什么样子才算好，那时候的京都人也实在是没见过。

从当时的京都人的经验来看，御所和贵族家的生活从来都算不上奢侈。走街串巷卖东西的小商小贩们都知道，从贵族官员家的门口经过时犯不着大声叫卖，因为反正他们也没钱来买。

先把现在的京都撇开不谈，我认为泷沢马琴①说当时的京都人小气的这个评价是很中肯的。论产业，京都有西阵纺织，也有三井、小野、岛田这类的大富商出现，不过这些大富商都是金融产业，并不能给人口众多的京都的消费生活带来什么实质性的益处。

好在还有花街柳巷与游览观光，这两件事情其实是同一事物的表里两面，再加上还有个西阵纺织，京都总算跌跌撞撞地熬过了江户时代。

因此，就算来的是不讨人喜欢的外地人，京都人也得给这个高山彦九郎一副好脸色。为何如此呢？因为他在全国倡议的尊皇思想说起来天经地义，眼看着全国各地的"尊王攘夷"的志士浪人们都聚集到了京都来。京都城里又开始弥漫起久违的政治气息。

---

① 泷沢马琴，江户时代后期的传奇小说作者，又名曲亭马琴。——译者注

御所的土制围墙

当然，这样一来又开始掀起了战乱和杀戮的血雨腥风，为此牺牲的人也不计其数，不过站在京都的立场上，也不能一概而论说这些事儿都不好。

自从关原合战[①]中东军和西军的武将们在京都的大道上斗志

---

① 关原合战是日本庆长五年（1600 年）发生于美浓关原地区的一场战役，交战双方为德川家康率领下的"东军"以及石田三成组织的"西军"。——编者注

昂扬地来回厮杀以来，京都许久以来终于头一次恢复了精神抖擞的样貌，而这两件事情之间，已经相隔了二百多年。

富商白石正一郎向高杉晋作提供资金

志士和浪人当中不乏贫困之人，不过说到这些人，印象中他们总是在祇园或是岛原饮酒作乐，这一点也确实是事实。

那么，问题是他们在这些地方花的钱，究竟是从哪儿来的呢？

这些让京都又热闹起来的浪人志士们，大致分为两种人。一种是归属于某个大名的领地，执行所属藩地下达的任务；另外一种便是一开始就和各领地没有任何关联的自由人。

不过，这当然只是按照两个极端的标准来做的定义，实际上浪人志士们因为违背所属藩地的方针而自行脱离或是被开除的情况也非常多，反过来也会有因为藩地自身的原因而在名义上将他们开除的情况，也还会有些浪人会将自己挂靠在某个藩地，自作主张说自己是某某藩的志士，实在是形形色色。

在读历史小说的时候，如果能懂这一类的背景知识，大概就能成为人们口中常说的有鉴赏力的读者吧。

虽然我们提出的问题是资金从何而来，不过那些来自各藩的志士们，如果按照各藩的指令在京都活动的话，这笔钱自然是从各藩的公款中而来。

这其中的代表人物便是从长州来的木户孝允，他以攘夷派自居，多次来到京都，到处花自己藩里用于政治军事上的机密费用，将京都的攘夷运动推向了最高潮。

高杉晋作比木户年纪轻一些，不过对于资金的使用也是公私不分，他对外界对他的批判毫不在意，在公款之外他还自己集资，可以说他的资金来源是复合型的。

例如下关的富商白石正一郎、山口的吉富藤兵卫等，只要高杉开口，他们立刻就把大笔的钱送上门来，像他们这样给高杉提供资金援助的人还有很多。

若将高杉的资金来源算作复合型，那么这种人毕竟有限，还有一种人是靠自己来想办法筹措资金的。宇都宫的菊池教中和大桥讷庵这对兄弟志士就是如此，讷庵为了获得活动资金，去给一家名为"佐野屋"和服店的商人做了养子。

志士们通过各种各样的渠道收集起来的资金，也被带着形形色色的企图，献给了朝廷和贵族朝臣们。

古往今来有一件不变的事情，那就是人们常常会认为如此筹措而来的资金，一定会有一部分下落不明，但其实这些钱都散落到了社会最基层的地方，为京都的景气注入了活力，这一点是毫无疑问的。

这部分钱并不是被拿来做什么产品，而仅仅是为了改变人的生活，因此并没有在京都留下什么特别值得一提的历史遗迹。

但其中有一个例外，就是安政二年（1855 年）由幕府出资重建的御所。因为京都朝廷重新登上政治舞台已是板上钉钉的事儿，因此就得尽快对被火灾烧毁的御所进行一番修缮。虽说江户幕府是急于通过重建御所来表明自己"若论尊重朝廷，我们可不输给任何人"的态度，不过在幕府末期对京都投入的资金当中，这笔钱算是做了件实事儿。

"妻卧病床儿号饥……"

谈到志士们身上摆脱不掉的"清贫"形象，梅田云滨算得上是最能体现"清贫"二字的人了吧。

云滨真的是曾经到了穷困潦倒的地步。他把自己的窘境写成了诗，人们听了无不为之动容，或许是因为他有这般诗才，因此他也并不是一直都是个穷人。作为尊王派的中心人物，他需要运筹大量的资金，而最终云滨成了井伊直弼强行发动的"安政大狱"事件的牺牲者。

梅田云滨在经济状况上的这一改变，也意味着志士们在京都消费的巨额资金的出处发生了巨大的变化。

要想追忆一下云滨最贫困时的样子，你可以到左京区一乘寺的叶山观音堂去看一看。从诗仙堂稍往北，在刚开始要爬山路的地方有一个小小的房子。我们要找的地方就是这里。

梅田云滨，原来是小滨（现在的福井县）的藩士。在江户游学结束以后，在大津①定居，云滨接受上原立斋的建议，主持开办了湖南塾，之后于天保十四年（1843 年）来到了京都。

叶山观音堂

---

① 现在的滋贺县。——译者注

　　虽然云滨也主张"尊王攘夷论"，但他认为行动比理论更重要，因此不断地加深与社会上有志之士们的交往。这其中就有吉田松阴、森田节斋、赖三树三郎、梁川星严等人。

　　云滨虽说也是藩士出身，但原本就是个贫苦人。他把一家妻小带到这个观音堂里来住，也是因为这个地方常年荒芜无人打理，住这里的话就不用担心付不起房租了。

　　话说当时佩里①率领着军舰来到了日本。看到在此等时局之下，自己所在的藩政却不采取任何抵抗行动，云滨接二连三地提出了强硬的意见，最终惹怒了藩主，被从藩士中除名，成了一名彻彻底底的穷浪人。

　　虽然云滨主张以强硬手段对付外敌的名声更加响当当了，但他原本清贫的生活也变得雪上加霜，过着有时候连粥都喝不上的日子。

　　在佩里来航之后，俄国的普查廷也乘着军舰来到了日本。云滨觉得仅站在一边看着干着急也不是办法，于是率领着自己门生的十津川乡士们出发去大阪湾攻击俄舰。

　　当时，云滨作了下面这首非常有名的诗。

　　　　"妻卧病床儿号饥，挺身偏欲当戎夷。
　　　　即今死别与生别，唯有皇天皇土知。"

　　攻击俄舰以失败告终。这一年是安政元年（1854 年）。

---

　　① 　马休·佩里（Matthew Perry，1794~1858），美国海军将领，美国东印度舰队司令。因和祖·阿博特（Joel Abbot）率领黑船打开锁国时期的日本国门而闻名于世。——译者注

云滨将京都建成国内贸易的中转站

这之后过了三四年，云滨把家从一乘寺的叶山搬到了市内的乌丸御池附近，每天来他家的客人络绎不绝，待客时不仅有美食美酒，还找来舞伎给大家跳舞助兴。云滨一下子过上了这种翻天覆地的有钱人生活。他的妻子信子，在这段时间里去世了。

云滨手里握着的钱，都是他通过做国内贸易，从中斡旋赚来的。

在云滨开湖南塾时，有不少实业家投靠到他的门下当弟子。开锁匠铺子的五兵卫是他在大津的时候的门生，这之外还有在大和五条开木棉纺织品商店的下辻又七、京都郊外川岛的山口薰次郎、大和高田的村岛长兵卫等，另外还有一位与其说是云滨的门生，不如说与他情同兄弟的三宅定太郎，这位定太郎是在备中国的连岛一边经营着六十町①田地，一边开着五金店的商人家的公子。

云滨不止有这些"豪华军团"的门生，朝廷也看中了他在大津的时候就远近闻名的耿直性格，聘请他去同各藩的御用商人做生意上的交涉。

有了这个便利条件，云滨会产生出开发一条日本西部诸国和京都地区之间贸易通道的想法，就是水到渠成的事情了。

他跑到长州，先给长州藩戴了一顶高帽子，说目前的形势下唯有长州藩可以依靠，再巧妙地把话题转移到当务之急是需要增强国力上来，最终成功地开拓出了京阪与长州之间的物品交易渠道。长州藩采纳云滨的策略，与之携手合作，在大阪设置了物品贩卖店，向京都和大阪输送了蜡油、半纸②、盐、干鱼

① 1町约等于9900平方米。——译者注

② 半纸，指宽24~26厘米、长32.5~35厘米的日本纸。——编者注

以及大米等物资。

而从京阪地区向长州输入的商品中，包括了衣服、日用杂货以及蔬菜种子等等。

京阪与长州之间的贸易顺利地上了轨道，作为提出这个贸易方案的人，云滨也因此赚了不少的钱。

不过，云滨摆脱一贫如洗的生活这事儿，早就已经不在话下了。

这时候的京都，已经成为新的贸易渠道的中转站。新的渠道开发出了新的商品。参与到这些商品的生产以及将其贩卖至全国各地的有志之士们，他们都紧跟着自己商品的流通轨迹，开始聚集到京都的云滨的身边来。

虽然这些有志之士也都是武士，不过他们中的大部分，并没有藩士那样足够独当一面的地位。现在终于到了他们自己也能够自由行动的时代，所到之处都能碰上与自己志同道合的人，大家团结一致，共同向前。而这个能将四方志士聚集在一起的核心，与其说是朝廷里的天子，倒不如说是京都这座城市。

吉田松阴曾在狱中呐喊"日本唯有依靠草莽势力的崛起"，他口中的草莽崛起之辈，正是上文中提到的那些自由地聚集到京都来的志士浪人们。

不过，这些志士浪人们由于"安政大狱"而被弄得七零八落，之后的维新变革，使得人们重新来审视"藩"的存在，倒幕的力量不再是单枪匹马的志士浪人，而是加强"藩"的力量，这才最终实现了倒幕的目的。

我想京都之所以没能成为明治维新后的首都，大概就是因为这个原因吧。

高山彦九郎站在三条大桥的边上，怒吼着"尔等成何体统！"的时候，他自己应该也没弄明白这话到底是冲着谁说的。

过了些年，被从藩里赶出来陷入绝境的梅田云滨，从一乘村的观音堂对彦九郎的号召做出了回应。

这之后的大约十年间，京都的经济逐渐活跃起来，到处都充满着热闹的"市井气"。在那之后，一直到现在，京都都没能再有机会体验那时候的兴奋与刺激了。

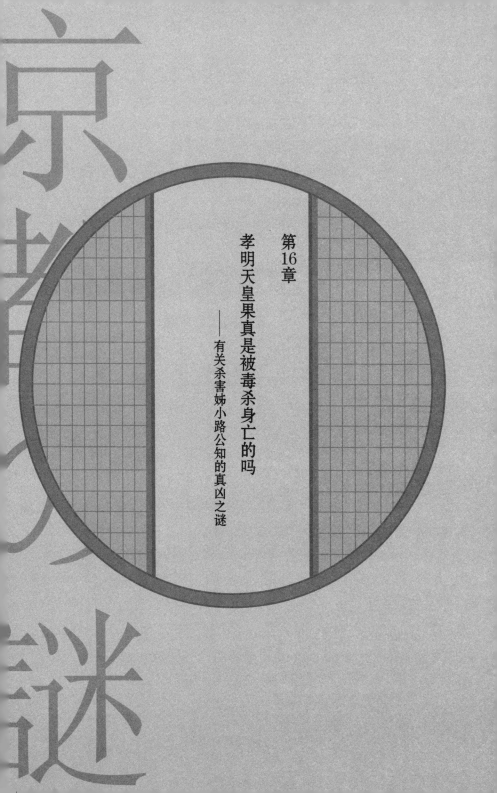

第16章

孝明天皇果真是被毒杀身亡的吗

——有关杀害姊小路公知的真凶之谜

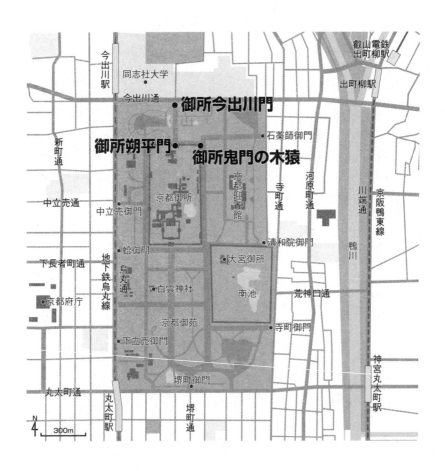

御所鬼门的木猴目睹了行刺现场

实施暗杀的刺客，通常总会被谁在暗中撞见。

文久三年（1863年）五月二十日夜里，刺客暗杀了攘夷派年轻有为的姊小路公知，虽然他的脸也被瞧见了，不过不凑巧，看见他的是一只猴子，因此事到如今也不知道真凶到底是谁。

从京都御所的今出川御门（即同志社大学正门的对面）走进去，迎面就是朔平门。顺着围墙往左边（即东边）走，会发现围墙里有一处凹进去的地方，在那里用铁丝网关着一只木雕的猴子。

这个地方位于御所的东北方向，也就是被称为"鬼门"所在的不太吉利的方位。因为那时的人们相信"邪恶之物"都是从这个方位钻进来，给人带来灾祸，因此在此处安置了扛着祭神驱邪幡的猴子来"驱魔"，而这只猴子是从日吉山王神社被派到御所来的。

　　如果你往更远的地方看一看，会发现京都鬼门的方位正好是在比叡山的方向。比叡山延历寺承担着守护整个京都的使命，因此也许会有人觉得既然有延历寺在，就似乎没必要再特意考虑建一个御所的"鬼门"，不过把这个除魔的猴子派到这里做"驱魔"的使者，大概是在暗示"妖魔鬼怪"就潜伏在这京都城里吧。

　　这一带叫作猿辻，到明治维新为止，有很多贵族公卿家的府邸都建在此处。据说就算在大白天里，这一带的光线也很昏暗，不是个让人觉得心情舒畅的地方。

　　文久三年的五月，长州藩率先向穿过下关海峡的外国军舰开炮，站到了攘夷运动的最前列。在京都，以长州藩为中心的攘夷派对幕府派紧追不舍，步步紧逼。从五月到八月，京都迎来了尊王攘夷派的"天诛"运动的全盛时期。

　　然而，被暗杀的姊小路公知，并不是"天诛"要处决的对象，反而是攘夷派的公卿。姊小路平时行事激进，已经到了同派中人为此担心的程度，不过也正因为如此，他也是尊王攘夷派公卿当中最受人信赖的人物。

　　被暗杀的那天夜里，姊小路在御所开会开到很晚，想必他一定又是和平常一样，争论起来不容对方分辨吧。他带着四名随从，从西南方的公卿门走出御所，准备回到跟公卿门差不多在一条对角线上，位于东北方向的自家府邸。

　　过了朔平门，走到离自己家不到一百米的时候，从放着那只看起来滑稽可笑的猴子的地方，突然蹦出来三名刺客。

御所中安置在鬼门围墙铁丝网里的木猴

也怪姊小路不走运，帮他拿着太刀的侍从见势不妙居然就临阵脱逃了，姊小路被刺客斩杀。还有一名侍从倒是令刺客受了伤，但刺客负伤逃走，没有人看清他的长相。不过，就算这名随从看清了刺客的脸，如果不能搞清楚对方是什么地方的什么人，也还是没有任何意义。

谁杀了"人斩"新兵卫

在暗杀姊小路的现场，刺客落下了一把刀，而这把刀被发现是萨摩藩的武士田中新兵卫的，就是电影《人斩》中三岛由纪夫演的那个角色①。

现在的京都御所周围被建成了种有松树和草坪的大公园，

① 三岛由纪夫在1969年拍摄的电影《人斩》中饰演江户时代末期幕府的萨摩藩田中新兵卫，同时这也是三岛参演的人生最后一部电影。人斩，指幕府末期在京都实施暗杀活动的尊王攘夷派志士。——编者注

但在当时，这个地方却是一户挨着一户的贵族公卿家的宅邸。刺客随便往哪家房子里一躲，立刻就能销声匿迹，而且京都当时的治安原本就非常不好，想要落实证据或是大范围搜查都不太现实。也就是说，只能从落在现场的这把太刀来推断是太刀的主人田中新兵卫杀了人。

新兵卫并未斩钉截铁地否定罪状，而且审查的人刚把作为证据的太刀拿出来，他就冷不防一把夺过去切腹自杀了。

嫌疑最大的这个人一句话没说就死了，因此这件事情就没办法再调查下去，暗杀者设下的这个迷局可以说是非常高明。

这之后出现了推理犯人或者说推理事件幕后关系的各种说法。从动机论来说，有人认为这无疑是幕府干的，不过这种说法实在是太毫无悬念。也有人认为可能是贵族公卿当中的佐幕派干的，不过要说到佐幕派当中谁能做出暗杀尊攘派公卿这样大胆的事情，那矛头就必然指向中川宫（事件三个月之后被封为了朝彦亲王）了。

用姊小路被暗杀这个结果制造出各种传言，既可以让那些多少有些得意忘形的尊王攘夷派的公卿们吓出一身冷汗，又通过从藩士当中抓嫌疑犯，让因为此事损失志士的萨摩藩的人气也随之一落千丈。这两点大概正是暗杀者的企图所在。

对贵族公卿们来说，由于看不透到底是谁在幕后指使暗杀，所以更会深感恐惧。要是能推测出对方是谁，还能想办法去有的放矢地加以防范，但如今却是完全不知道对方的武器会从哪个方向插过来，这才真是防不胜防，让人想想就觉得毛骨悚然。

在暗杀姊小路这件事上，孝明天皇[1]也遭到了怀疑。这位天皇也是一位攘夷主义者，应该可以算是比谁都更嫌弃和憎恶外国人吧。如此说来，倒像是与冒进的姊小路等人同仇敌忾，不过事实却并非如此。孝明天皇的攘夷主义，是把外国人当作霍乱或是妖怪之类的洪水猛兽，他对外国人的这个看法都还算不上是政治层面的认知。

而姊小路们的攘夷主义，却是在明确具体的政治方向的指引下所进行的一系列活动。

对于孝明天皇来说，考虑到与幕府之间的关系、朝廷的体制以及自己作为天皇的地位，他不想做出任何的改变，这样一来激进的姊小路在天皇眼里就成了一个危险的象征。如果对他的行动置之不理，日后必将导致让天皇最为恐惧、最不愿看到的"变化"发生吧。

因此，人们也可以这样猜测，是中川宫体谅到了天皇的心思，或者说按照天皇的授意，向属下做出了暗杀姊小路的指示。

另外，萨摩藩也因为此次暗杀事件受到了重创。在前一年也就是文久二年的夏天，萨摩藩岛津久光的护卫兵在横滨的生麦村杀了外国人，攘夷派对此一片拍手称赞。然而，这一次却是被怀疑杀了自己阵营的人，而且还是有地位的公卿，那就显得不合适了。萨摩藩因此被解除了警卫乾御门的重任，守护京都的职责被独揽在长州藩的手中。

因此，社会上又出现了姊小路暗杀事件是为了将萨摩藩逼

---

① 孝明天皇（1831~1867），日本第121代天皇，明治天皇之父，1867年1月突然去世，死亡真相至今未解。——编者注

入困境的说法，不过具体落实到是谁做的，就又很难确认了。如果最终不是幕府直接下达令长州藩接管警卫的指令，当时接替萨摩藩担任京都守护职位的就会是会津藩，因此上面这个说法也就算不上决定性的证据。

不过，这个推理当中也有一些可取之处。首先让萨摩藩的口碑一落千丈，借机把长州藩孤立起来，然后再让试图扳回困局的萨摩藩归顺到自己手下，最后找机会把得势的长州藩驱逐出京都，围绕着京都守护职责做出的一系列的藩派调动，倒是用的常规的斗争路数。

此后的八月十八日，长州藩被赶出了京都，当天会津藩和萨摩藩联合起来策划推翻了长州藩，应该说此事也是始于姊小路暗杀事件吧。

不管怎样绞尽脑汁，也还是找不出犯人。至于田中新兵卫是否真的在暗杀现场，也只有边上的那只猴子才知道吧。

岩仓具视是超一流的暗杀者吗

孝明天皇最终也没有摆脱掉下达暗杀姊小路指令的嫌疑，就于庆应二年驾崩了。不过，社会上流传着一种强有力的说法，孝明天皇应该也是被暗杀的。

暗杀，未必都是"完全犯罪"①行为。一般意义上的"完全犯罪"，不仅犯罪的动机，就连罪行也都是在神不知鬼不觉的情况下实施的。如果连犯罪行为本身都不被人察觉的话，则被

---

① 指那些犯罪手段不被人察觉，或无法使犯人落网的犯罪行为。——译者注

称为"超完全犯罪"，不过就算做不到这一步也可以套用这个说法。

姊小路公知的暗杀事件，虽说在抓不到刺客这一点上与"完全犯罪"比较接近，但总会让人觉得是有人事先对杀人以后会产生的影响进行了预估，然后再来决定杀谁，用这种推理方法选定了拿姊小路下手。而且，最后没被抓到刺客这一点，也好像并不是一开始就被这样算计好的。

有时候也会有只要有杀人事件发生，天下人就都猜得出肯定是谁干的这种情况。不过即便有会被猜中的嫌疑，也还是非动手杀人不可的时候，刺客自然就得想方设法用一些掩盖真相的迷惑人的手段了。

因为孝明天皇之死，有一个人的命运发生了最大的变化。他就是原本被幽禁在岩仓村的岩仓具视。曾经关押他的房子现在依然还在，孝明天皇一去世，他就立刻东山再起，一跃成为明治天皇身边的亲信，当上了讨幕派的首领。

但凡觉得孝明天皇死得蹊跷的人，都会不约而同地把怀疑的目光放到岩仓的身上。

从朝廷对外发布了孝明天皇的死讯开始，"孝明天皇是被毒死的"这一谣言就不绝于耳。如果这件事情果真如此，恐怕是没有比这个更有效果的"完全犯罪"了。

现在人们去京都御所的公园里散步的时候，大概不会再有什么特别的感受了。不过这个公园，的确是熟稔许多过去的历史，目睹了无数的生命从黑暗里来，又悄无声息地消失在黑暗里。

御所的朔平门

　　有资格当天皇的人很多，而能当上的却只有一个。这句话虽说是天经地义，然而却因此把宫廷弄得一片黑暗。有资格当天皇的人各自都有自己的母亲，而在这些女性的背后，又有着将她们送入宫廷的各家贵族们。这些贵族们不同于平安时代的贵族，手里并没有庄园之类的巨大财富，所以他们就不得不时刻要维系着自己家与天皇之间的关系。换句话说，他们必须得让自己家嫁给天皇的女子生的孩子继承皇位，当上天皇。

孝明天皇，也是经历了残酷的皇位之争而当上天皇的。他有六位异母的兄弟，全都很早就去世了。由此可以看出，先不说能不能最终登上皇位，在那个环境里，皇子们能活着长大成人就不是一桩易事吧。

他对世界几乎一无所知地活了差不多三十年。说他对世界完全一无所知也不尽然，有两件事情他是知道得很清楚的。一是外国人都是野蛮人，是像动物一般的人种，是不能正经交往的"白皮肤的生物"；二是任何时候都一定要维护好朝廷与幕府之间的关系。

如果这些想法仅仅是放在心里倒也没什么太大的问题，不过时局变化，孝明天皇不得不出来发表一些与政治有关的言论，而他除了上面说的两点之外就不知道说什么好了，孝明天皇也是个不幸之人。

孝明天皇没时间去学习新的世界观。而且，就算有时间去学，他周围的状况也不允许他去这样做。保守派的公卿们自然是帮不上任何忙，而那些希望能实现"天皇执政"，不顾一切拼着命的年轻志士们，虽然他们和孝明天皇对新世界观的想法相差甚远，但他们也是从心里讨厌外国的。他们原本就是想依仗着天皇讨厌外国人来开展攘夷的运动，自然也就没有引导孝明天皇学习新世界观的道理。

即使尊王攘夷派拿出讨伐幕府的架势，孝明天皇也没有改变自己的态度。因为他认为只要幕府不让外国人进日本，那么朝廷与幕府的关系维持现状就足够了。

对天皇来说，攘夷派渐渐成了让人生厌的存在，另一方面，对攘夷派来说，他们也逐步看清了很难从孝明天皇那里得到倒幕的许可。转眼间到了庆应二年的年初，在坂本龙马^①的斡旋下，倒幕派成立了讨伐幕府的萨长同盟^②。

这一年的十二月，孝明天皇因此前患的感冒加重，病情已恶化到了卧床不起的程度。

病情比想象中要更为严重，十四号这天御医诊断出天皇是得了"天花"。

孝明天皇身上开始出现一些小小的红肿，很显然是出"天花"的症状，不过好在病情稳定，食欲也算正常。二十一号，将军德川庆喜也来御所看望了他。

不过，到了二十四号，孝明天皇却突然病情转危，二十五号他已经不能进食，一直不停地呕吐，饱受着病痛的折磨。

就是在二十五号这天（即公历 1867 年 1 月 30 日），据说有一段时间孝明天皇的身边一个看护者都没有。

最后急救措施也不起作用，天皇终因眼口鼻耳都往外喷血而死。

---

① 坂本龙马（1836~1867），日本明治维新时代的维新志士，倒幕维新运动活动家、思想家。——编者注

② 萨长同盟是日本江户幕府时代末期，在萨摩藩与长州藩之间缔结的政治、军事同盟。——编者注

接下来的四天里，朝廷并未对外宣布天皇的死讯，然而宫廷外面却已经传起了"天皇被毒死了"的谣言。而在宫廷里，听了毒杀的谣言后才知道天皇已经去世的宫女也大有人在。

现代医学专家中也有人认同"孝明天皇暗杀说"

原驻英国大使的书记官萨道义爵士用书面形式将孝明天皇毒杀身亡的"传言"记录了下来。

"我在'皇家公主'号轮船的甲板上（当时该船停泊在兵库港）与几位日本贸易商人见了面，（中略）他们告诉我朝廷刚刚发布了天皇驾崩一事。虽然传言天皇是得了天花而病故的，不过几年之后，有一位了解其中情况的日本人很确定地跟我说天皇是被毒死的。（中略）然而，当年天皇驾崩时我并没有听说过诸如此类的谣言。天皇身后留下了一个刚满十五六岁的少年继承皇位，这件事情本身对于滋生出毒杀这样的谣言，不可否认也起了一定的作用吧。"（《外交官眼中的明治维新（上）》，坂田精一译）

另外，《中山忠能日记》一书里也对此事有所记录，宫中老女①浜浦寄来的信件中写有"二十五号这天，有人不让我到天皇身边伺候"这样的话。中山的日记里记录下收到这封信的时间是在天皇死后第十天的一月四号。这也就是说当时宫廷里面也已经有了"毒杀论"的传言，这一点颇为值得玩味。

第二次世界大战结束以后，医师团曾经对孝明天皇的病情

———————
① 侍女的首领。——译者注

展开了探讨，做过肯定毒杀论的研究。不过，我们必须了解到也有医生提出过反面意见，认为孝明天皇临死前的情形只是得了天花以后通常都会出现的症状。

总之，孝明天皇被毒杀身亡的传言，现在也只不过还是个传言罢了。

人们经常会将岩仓具视与这个传言捆绑起来，背地里议论他便是暗杀天皇的罪魁祸首。与岩仓一起被贴上不光彩的"共犯"标签的是堀河纪子，她是岩仓的同父异母的妹妹，同时也是孝明天皇爱妾之一。

岩仓和堀河两个人，因为曾经主张和宫下嫁①，试图实现公武合体②，而遭到了尊攘派的厌恶，被尊攘派视为蛇蝎一般的存在。孝明天皇受到尊攘派胁迫，也只得将二人（之外还有男子三人，女子一人，合称四奸二嫔）从宫廷里赶了出去，将他们幽禁在洛北岩仓村。岩仓被幽禁以后，还有人到处污蔑他，散布出他曾试图给天皇下毒的谣言，从某种意义上来说，岩仓算得上是背负暗杀天皇未遂罪名的"有前科"的人了。

也有人主张说，堀河纪子曾经在日记里详细记录了孝明天皇驾崩前后的情况，明确表明了天皇被毒杀一事。

不过，谁也不知道这本日记现在何处，而且堀河纪子在事件前后都被隔绝在宫廷之外，因此怀疑她下毒杀害天皇也是不合情理的。

---

① 指孝明天皇的异母妹和宫下嫁德川幕府十四代将军德川家茂。——译者注

② 公武合体是江户时代后期的一种政治理论，主旨是联合朝廷（公家）和幕府（武家）改造幕府权力。——编者注

岩仓具视被幽禁期间所住的地方

暗杀事件改变了历史发展的趋势

孝明天皇驾崩及明治天皇即位之后发生的划时代的大事件，当数庆应三年（1867年）十月十四日，朝廷终于将讨伐幕府的密令交到了长州藩与萨摩藩的手上。在这之后，朝廷在十二月发布了王政复古宣言，讨幕战争正式打响，而拉开这场战争帷幕的人即是岩仓具视，他以孝明天皇驾崩为契机，实现了从曾经的公武合体论者到如今的讨幕运动首领的华丽转身。

对于东京抢走了明治天皇这件事，京都人自然是心有怨恨，不过，要说到是不是明治天皇留在京都就会更好，京都人却又很难作答。新政府的首脑们想方设法来协助明治天皇成长为名副其实的国家领导人，而明治天皇也为了实现这个目标做出了相应的努力。

这样的天皇，已然不是过去让京都人感到亲近的那个"天子殿下"了。

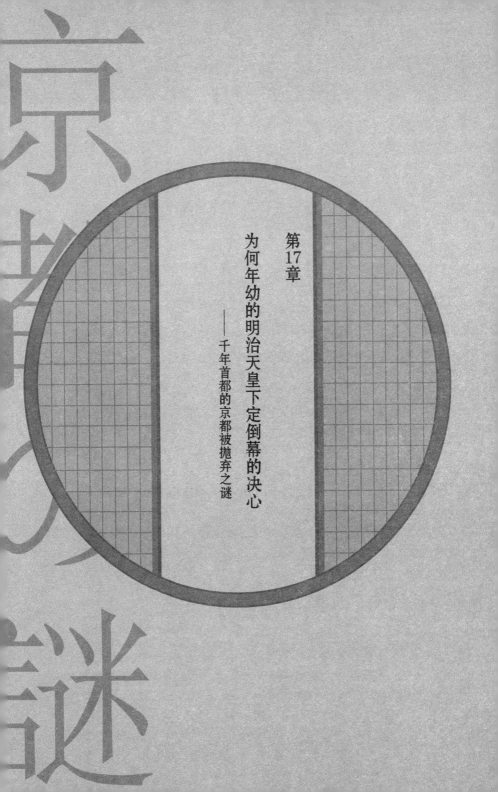

第17章

为何年幼的明治天皇下定倒幕的决心

——千年首都的京都被抛弃之谜

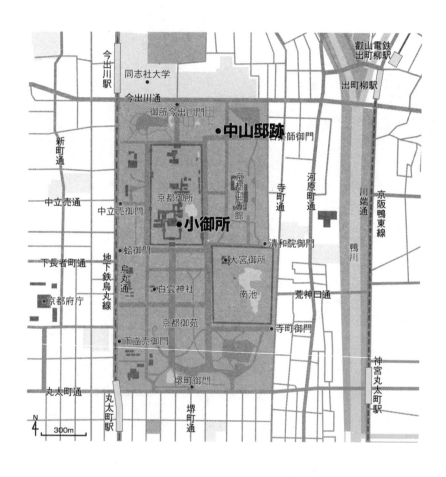

明治天皇的乳名"祐宫"的渊源

从今出川御门进入京都御所，一进门顺着左手边的围墙往前走，在路往左转的地方有一处陈旧的房子。房子的门上了锁，一看便知这栋房子已无人居住，平日里也几乎没什么人来这里。

这里是大纳言①中山忠能曾经住过的地方。

嘉永五年（1852年）九月二十二日，在这个宅子中新建起来的产房里，诞生了一个男孩儿。他就是后来的明治天皇，他的母亲是中山忠能的女儿庆子。

明治天皇的乳名叫祐宫，"祐"这个字是从文章博士五条为定精心甄选出的七个汉字当中选出来的，同时这又是光格天皇曾经用过的乳名。选择这个乳名，应该是被寄予了某些含义吧。

光格天皇是孝明天皇的上上代天皇，宽政元年（1789年），光格天皇表示想给自己的生父典仁亲王追赠太上天皇的尊号，

---

① 律令制国家最高机关中的一种官职。——译者注

并为此事征询了幕府的意见。皇室历来就有给让出皇位的先代天皇赠予太上天皇（简称为太上皇或上皇）尊号的传统，也有过虽然本人并未做过天皇，却因其是天皇的父亲而被追认为太上天皇的先例。

然而，此事却遭到了幕府的反对。朝廷在此事被搁浅两年之后又提出商议，幕府的态度与之前相比却变得更为强硬，并且警告说如果朝廷非要这么做，那么就要对关白和议奏们（二者均为按照幕府的要求在天皇身边设置的官职）进行严惩。

因为朝廷方面也不肯轻易让步，僵持之下，幕府决定分别对担任武家传奏（负责与幕府联络或交涉等事务的朝廷官职）的正亲町公明以及担任议奏的中山爱亲实施软禁及期限内软禁的责罚。

光格天皇最终不得不放弃了给自己的生父追赠尊号的想法，然而这件事情成为天皇连朝廷内部事务都无法自由做主的一桩悲愤的记忆，"尊号事件"给京都留下了深深的创伤。

中山爱亲与正亲町公明虽然被幕府传唤去了江户，不过在老中松平定信①的面前，二人也没有改变朝廷的主张。他们的行为被广为传颂，在京都甚至都曾出版过好几本以中山爱亲为原型的读物。

"尊号事件"虽然大大刺激了京都朝廷与市民的反江户、反德川幕府的觉悟，然而他们也只能是把这个意识深藏在内心深处。

中山忠能是这位中山爱亲的曾孙。而明治天皇作为中山忠

---

① 老中是江户幕府的职名，负责统领全国政务，在大老一职尚未设置的场合，老中是幕府的最高官职。松平定信于天明七年（1787年）成为幕府老中，开始了宽政改革。——编者注

能的外孙，取了"祐宫"这个名字，就是想借这个名字，将藏在心里的"从未忘记尊号事件的遗憾"的情绪明明白白展现到明面吧。

祐宫慢慢长大了，他出生时第一次沐浴用的水是从出町桥的鸭川的上流打来的。鸭川的水养育的可不只是京都的美人。

庆应二年（1866年）十二月，政局正处在是讨伐幕府还是公武合体的二选一的困境当中，在此胶着之际，孝明天皇驾崩了。而祐宫，作为岩仓具视等讨幕派势力的权力象征，继承了皇位。

祐宫以天皇之名宣布德川幕府倒台时，在"祐宫"这个名字上被赋予的反江户、反德川的意识终见天日，算得上给当年的"尊号事件"续上了一个结局。

随着幕府倒台，至高无上的权力又回到了明治天皇的手中，然而天皇却手握皇权，将首都迁到东京去了。

那么，为什么京都没有成为明治时代的首都呢？

小御所会议决议通过了"王政复古"

京都御所的参观路线，是从宜秋门进去，经过清凉殿、紫宸殿、小御所、御学问所、御常御殿等地，最后从清所门出去结束行程。

现在的小御所是前些年重新建造的新的建筑，庆应三年（1867年）十二月九日，正是在此地决议通过了王政复古号令。

世人称之为"小御所会议"。

前土佐藩藩主山内容堂并不主张武力讨伐幕府，在会议上他以"拥立年幼的天子登基，自己却在后面操纵政权，成何体统"为由反对王政复古，而岩仓却以"王政复古是圣上自己的决断"针锋作答，使得山内无言以对。

小御所会议的这一天，也是明治天皇第一次在官方场合显露天皇权威的日子。

即使京都的市民们无法知晓急剧变化的政局当中的诸多细节，他们仍然感受到了从御所飘来的空气当中，有着一丝新鲜的不同往日的味道。

从这一天开始，到第二年的十月，江户城改名为东京城，并被定为新的首都，在这之间的短短十多月，是一段让京都市民们高兴到忘乎所以的短暂时光。

最初是九州最靠边上的长崎发布了公告，命令人们"每日朝着京都的方向朝拜天皇"，很快这个做法就在全国各地流行开来。

为了向普通国民广泛宣传幕府倒台、天皇亲政的新政治局势的意义，各地的裁判所（类似于现在的都道府县的政府与警察总局的合体）发布了各种各样告谕人民的布告，例如《人民告论》和《谕书》。

长崎裁判所发布《谕书》是在庆应四年（即明治元年，1868 年）的三月，这是最早一份向人民发布的布告，内容非常平实易懂。

　　"在我们这个被称为日本的国家里，有着作为太
阳神天照皇太神后裔的天子，此乃万世一系，是我们
日本国的主人。"

御所的今出川御门

　　恐怕最早以书面形式断言天皇为"日本国的主人"的，应
该就是这份布告了。虽然接下来也记述了天皇的实权从七八百
年前开始被架空的经过，不过其中也写了这样一些话：天子虽

然经历了种种磨难，然而到今天仍然保持了天子血统的纯正，这是多么难能可贵的事情啊。

召开了御前会议的小御所

虽然说起来有点儿冗长，不过还有一段有关戊辰战争^①的说

---

① 明治天皇即位后，新政府军和幕府军之间的内战。——译者注

明也非常有趣，我来给大家做个介绍。

"德川庆喜向天皇说道，'承蒙您将政权托付于我，而我实在能力有限'，提出要将政权还给天皇，天皇便回复说，'所言极是，理应如此'，答应拿回政权。

然而，这其实是德川庆喜耍的把戏，意在通过此举赚取人气，是为了让自己当上日本国的国主而想出的计谋。"

幕府的所作所为都是在背叛自己的主人，所以自然没有赢的道理，结果当然是以庆喜惨败告终。

"这才终于世道轮回，一切恢复了很久以前的样子，天皇重现执掌了政权。"

因为天皇的新的治国之策实在是太难能可贵，因此才会有提醒国民"需日日谨记天皇的恩泽，日日面向京都进行朝拜"。

这篇文章最后的一句话，是以"怎么样？都明白了吗？"来结尾。

长崎裁判所发布《谕书》六个月之后，京都裁判所也发布了《京都府下人名告谕大意》一文，这篇文章成为后来各种布告的范本。不过，这篇文章是仿照汉语文章的模式来写的，比较晦涩难懂，不如长崎发布的《谕书》里用的"日本国的主人""多么地难能可贵""怎么样？都明白了吗？"之类的话显得浅显易懂，直接坦率。

想必此时的京都市民们也一定想大声地喊上一嗓子吧——"怎么样？都明白了吗？"

京都人怀着"欢迎回家"的心情看待天皇行幸京都

然而，社会上开始流传起一个消息，这个消息将京都人好不容易得来的喜悦一下子全部抹杀掉了。

这消息便是"据说明治天皇要搬到东京去"。

京都人明明刚刚还在骄傲地喊着"怎么样？都明白了吗？""日本的主人可是住在咱们京都啊！"，就发生了这样的事。

最先提出迁都的是大久保利通①。他于庆应四年正月二十三日，也就是戊辰战争刚刚开始不到二十天的时候就提出了迁都建议书。

在这份建议书中，大久保谈到天皇从古至今都被当作是活在云端的神一般的存在，只有少数的贵族公卿才有接触天皇的机会。正是由于这个长期以来的陋习，才导致如今这样上下隔绝的状态。他通过这些分析得出了一个结论，认为将首都迁到大阪最为合适。

也就是说，大久保认为只有让朝廷从充满陋习的京都脱离出来，才能使其成为实际的权力中心。天皇也不能再像过去那样永远高高在上，而是必须走到人民的面前来。

大久保的大阪迁都论使成立不久的新政府大受震撼，而之所以最终将迁都地从大阪改为江户，却是因为那些退到北边（会津方面）去的幕府旧势力们的缘故。

新政府的军队对旧幕府军一路追击，战况时好时坏，僵持不下。到了六月左右，岩仓和大久保等人开始主张让天皇直接赶赴江户，莅临政府军的后方并向旧幕府军施加压力。

这一根据军事情况向天皇提出来的请求，是以抓住江户市民的人心为目的，形式上是不打完仗天皇就不会离开江户，因

---

① 大久保利通（1830~1878），明治维新三杰之一，萨摩藩藩士、政治家。——译者注

此也就成为实际意义上的迁都了。

这个做法一下子击中了京都人的要害。

京都人自认为和那些长崎的人不一样，他们不需要谁来告诉"日本这个国家里有着至高无上的天子"，他们都深信自己自古以来就与天子走得很近。

不过，若是被问到与天子的关系实际是怎样？京都人怕是也不知道如何回答才好吧。

虽然将天皇奉为神的做法被大久保斥为陋习，不过这个"陋习"，却是京都人长久以来从心里亲近天皇的做法。

东征军开始攻克会津若松城的时候，明治天皇第一次来到了东京。这一天是十月十三日。

虽然明治天皇宣称此次并非迁都，只是站在东征军的最前列鼓舞士气，然而这个举动已经给迁都东京埋下了伏笔。

因此，天皇在东京待了两个多月，再要返回京都的时候，新政府首脑当中就有人提出了强烈的反对意见。

三条实美就是其中一人。作为贵族公卿中激进派的掌权者，他一直对不作为的贵族公卿们提出各种批判。他说，"国家的废兴与关东人的人心向背息息相关"，"天皇不回京都，就算京都和大阪的人心动摇，这与天皇回了京都就失去关东人的人心相比，不足以相提并论"。甚至还说出"失去京都和大阪不足惜，东京在则天下在"之类极端的话。在迁都这件事情上，京都完全就没被当成问题来对待。

在这些反对的声音里，天皇还是回到了京都。

不过也就是一眨眼的工夫，天皇在第二年，也就是明治二年（1869 年）的三月再次驾临东京，这之后的十月，连皇后也追随天皇去了东京。以太政官^①为首的新政府的各个机构，纷纷搬至东京，京都慢慢地不再是首都一事，成为任谁也不会怀疑的事实。

数千京都市民为了中止迁都而去北野天满宫祈愿，他们也聚集在御所前面集体向朝廷请愿。四条大桥上贴上了反对迁都的招贴。

然而这一切都没有起到什么作用。

京都政府一开始还勉强打圆场说"东京迁都并没有定下来，一定把大家的请愿传达到，天皇一定会回来的"，不过这些话骗得了一时却骗不了一世。

明治三年（1870年）的三月，政府将各方住民代表召集到京都市内的六十四所小学里，向他们传达了东京迁都是迫不得已的事情，对因天皇迁都而给京都人发放的各项恩典也做了说明，目的是让京都人对迁都一事死心。京都人没能留住天皇，却得到了在一定时期内免除土地税以及十万日元的"产业基金"的补偿。

现如今天皇陛下来京都行幸时，还是会有很多京都人在心里念叨着"欢迎您回家"。不过京都人的这份心情，会持续到哪年哪月，却是谁也预测不了的事儿了。

---

① 太政官，日本律令制度下执掌国家司法、行政、立法大权的最高国家机构，其最高长官是太政大臣，但通常由在太政大臣之下的左大臣和右大臣担任长官。——编者注

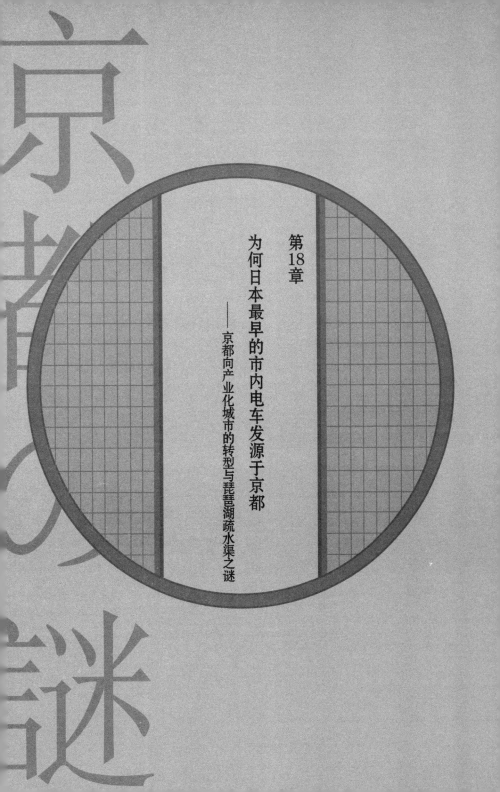

第18章

为何日本最早的市内电车发源于京都

——京都向产业化城市的转型与琵琶湖疏水渠之谜

叡山電鉄
出町柳駅
知恩寺
京都大学
吉田山公園
白沙村荘
(橋本関雪記念館)
銀閣寺
東今出川通
吉田神社
法然院
白川分線————
東一条通
京阪鴨東線
東大路通
吉田東通
哲学の道
安楽寺
近衛通
真如堂
鹿ヶ谷通
霊鑑寺
京都大学
附属病院
聖護院門跡
金戒光明寺
大豊神社
神宮丸太町駅
丸太町通
熊野若王子神社
平安神宮
永観堂
川端通
岡崎公園
二条通
京都市美術館
南禅寺
京都国立近代美術館
琵琶湖疏水
水路閣
三条通
東山駅
インクライン
三条駅
三条京阪駅
青蓮院門跡
蹴上駅
京阪本線
知恩院
地下鉄東西線
300m
N

琵琶湖的水从京都人的头顶上方流过

琵琶湖的水通过被修成疏水渠，从京都人的脚边缓缓流过，某些地段还被修建在京都人头顶上方地势高的地方。

进入宽敞的南禅寺院内，走过法堂再向右转，就会看见龟山天皇兴建的南禅庵。这时候读者们会发现，流淌着琵琶湖里的水的疏水渠，正好在自己头顶上方的位置。

这座用十三个桥墩支起来的大拱桥被称为水路阁。水路阁修建至今，也不过刚刚过去了百余年，然而修建拱桥所用的砖瓦，却已然浸染了岁月的颜色，毫无违和地融入到周围的一片静寂当中，让人叹为观止。

然而另一方面，只要试着想想将琵琶湖的水引到京都来，而且还得让水流进市内，就会明白这会是个多大的工程。不言而喻，明治初期失去首都地位的京都，当时一定是大伤元气了吧。

这个修建琵琶湖疏水渠的计划，正是要对日益衰退的京都做一场起死回生的大手术。

若要找到能够挽回京都衰败之势的对策，除了修疏水渠之外也不是没有别的方法。那么，在将琵琶湖的水引到京都来这个破天荒的想法当中，究竟蕴含着什么样的预期呢？

虽然说建疏水渠是个破天荒的想法，不过这个想法却是从很久以前就有了。据说平清盛和丰臣秀吉都想过这件事，宽政年间（1789~1801）还被拿出来认真探讨过，而在文久二年（1862年），连疏水渠的实测图都已基本成型。相信就算是那位曾经疏通过大堰川、深挖过高濑川①的京都富商角仓了以，也肯定至少有过那么一次考虑过琵琶湖的事情吧。

不过，在这些以前的历史里，除了欠缺修建疏水渠时所需要的正确的土木科学知识以外，更重要的是缺乏一种如果不修疏水渠，京都这个都市就有可能会灭亡的危机感吧。

从相反的角度来说，京都人以前总觉得只要天子在身边，京都便怎么着都好，就如同有一种与生俱来的安心感一样，住在天子脚下的京都人完全没想过要用自己的双手来对京都进行一番什么改造。

当然，他们也已经没有对京都进行改造的能力。在新的琵琶湖疏水渠的《施工由来及宗旨书》中这样写着，因为元治元年（1864年）的战火②烧毁了京都城里大部分的建筑，为了恢复民生京都人都已经拼尽了全力，已经不再有余力去应付别的事情。

---

① 高濑川，京都市内的一条人工河。——译者注

② 元治元年发生的"禁门之变"中，长州藩军队与幕府联军在京都进行巷战，撤退之前在京都城内纵火。——译者注

南禅寺

　　就这样明治时代都过去十多年了，京都也依然还是一副百废待兴的样子。而且，只要一听到把天子从自己手中抢走的东京的繁荣景象，京都人心里的那种无能为力的感觉就会变得更加强烈。

　　不过，京都的这个境况反过来也起到了一些好的作用。

随着天皇和贵族公卿们的离去，京都就如同被剜去了心脏、割断了动脉，不过作为曾经的首都，京都的城市规模还是足够大。对于那些明治政府的新进政治家们来说，没有比京都更能施展拳脚的魅力十足的舞台了。单从这个城市里没有什么都不懂的贵族公卿们这一点，就足以称得上是再好不过的事儿了吧。

疏水渠工程是让京都起死回生的奋力一搏

明治十一年（1878年），槙村正直当上了京都府的知事，他首先做了一件自己决心要做的事情。槙村在当知事以前，就与京都颇有渊源，在当上知事以后，比起制定各种行政制度，他更注重采取实际举措对各种基础设施进行改善，以日本最早的小学校（柳池校）为首，集书院、驱霉院、女红学校、物资交易公司、化学局（化学工业开发）、纺织所、染布所等都是他施政的重点对象。

在槙村之后当上京都府知事的是北垣国道，后者曾经在但马（现在的兵库县）一个叫生野的地方组织农民军，是维新运动的先锋。

一篇叫作《琵琶湖疏水工程计划书》的文章就摆在了这位北垣知事的面前。作者名叫田边朔郎，是一位从工部大学校（东京帝大工学部）毕业不久，刚刚崭露头角的新人技师。

北垣下定决心要照着这篇文章中的计划将琵琶湖里的水引到京都来。

做这件事情，资金并不是问题。为了对反对明治天皇迁往东京的京都市民们进行安抚，朝廷以产业基金为名目赏赐给京都市十万两黄金。虽然作为把千余年来与京都人不离不弃的天皇带到东京去的补偿，十万两黄金也并不算多，不过京都府用这笔钱买了国债，升值以后差不多是以前的三倍，正好可以用这笔钱来做疏水渠工程的资金。除此之外，京都还获得了一笔以劝业基金为名目的十五万两黄金的政府贷款。

唯一的问题是，该如何去应对周围的人对这位年仅二十一岁、名叫田边的年轻人做出来的计划所抱有的怀疑和不安。内务省聘请的外国技师迪·瑞克（荷兰人）等人，从一开始就反对这个计划，认为完全不可行。

在政府的掌权派当中也有强烈反对的声音，就连京都市民里也有一些顽固派认为这样一来，鸭川的清流肯定会被琵琶湖的一潭死水给污染了。田边的祖上是旗本[①]出身，他的叔父田边太一（号莲舟）是在幕府外交界相当活跃的人物，我想这可能也是新政府内部不肯轻易对这个计划表示赞同的原因之一吧。

然而，北垣和田边没有屈服于压力。明治十八年（1885年），这项工程终于开工了。

运送船只的斜面铁道至今保持着原貌

总而言之，琵琶湖疏水渠工程的计划是要在大津市的三保崎做一个取水的入口，然后将逢坂山打通，建一条隧道将水引至京都市内来。

也许有人乍一看这个计划，会觉得疏水渠工程只不过是想要给京都多弄些"水"来罢了。

不过，这样想可就大错特错了。如果只是出于饮用或洗洗涮涮的目的，京都的井水和鸭川的水足够用了。而且，就算是

---

① 旗本，幕府德川将军家直属的家臣团的武士。——译者注

对京都已有的水利系统进行翻修，使其更加方便快捷，那这笔翻修所需要的资金和劳力肯定也不及建造琵琶湖疏水渠工程的几十分之一。

比起琵琶湖的水本身，京都更想要的是通过将琵琶湖的水引到京都而随之获得的巨大能量。通过疏水渠，京都和琵琶湖就被连接了起来。

而在琵琶湖的背后，还有日本海以及北陆①，更远处还有着广袤的北海道。

琵琶湖疏水渠，从本质上来说就是运河。将琵琶湖的水引到京都的工程，也不过是需要做好建疏水渠的准备而已。而且有了这个工程，无需通过东京就能够把北日本和京都连接起来，想想看还能有别的什么计划能够与这个奇妙又雄大的计划媲美的呢？如果说东京将成为国家的政治中心，那么京都就非得成为产业化城市不可。京都人热情高涨，都想着要大干一场，用这条疏水渠将北日本的物产"全部"运到京都来。

文章写到这里，不知道读者们是否也多少有些感同身受地体会到我在写上面这段文字时的激动心情。举个例子来说，就像人们常常会关心每年夏天高中棒球赛冠军队是哪个队，优胜的旗帜是插在了箱根山的哪一边②。也就是说，虽然大自然的天然山脉将日本从地理上分成了东西两半，然而这个疏水渠计划却将固有的东西分界线一下往西边移了一大截，从此琵琶湖就成为日本地理的东西分界线了。

---

① 指新潟、富山、石川、福井四县。——译者注

② 意指日本以箱根山为界，冠军队是出在箱根山往西还是箱根山往东的省份。——译者注

这样一来，京都自然就代表了日本的西部和北部，而东京，就只剩下靠近太平洋沿岸的那部分了。

虽然琵琶湖疏水渠的规模与苏伊士运河相比小了一些，不过就算不考虑北垣国道和田边朔郎等人到底深入考虑到何种程度，这个工程本身就已经具备了将京都重新打造，使其从政治城市转变为产业化城市的意义。

我听说京都有将琵琶湖向南北延伸，使其分别与若狭湾以及伊势湾相连的计划。如果这个计划实现，完全可以想象出琵琶湖上那些从美国和中国来的货船来来往往的情形，而京都，作为这个计划的发祥地，光靠向过往船只收取通行费就能赚个盆满钵满吧。

现代的人之所以能够产生这种与时俱进的想法，也都得归功于北垣和田边创下的成功先例。

《施工由来及宗旨书》中谈到了琵琶湖疏水渠的目的在于防火、公共卫生、船运、工业用水、灌溉以及完善饮用水管道和污水管道系统。

防火、公共卫生中的"公共卫生"这个说法在当时可以说是比较少见，因为当时京都的城市排水系统非常不好。京都原本就是低湿地带，大量的人口集中居住在这样的地方，就会导致城里到处都是污水阴沟，而这便成为流行疾病的传染途径。

而疏水渠工程正是通过把琵琶湖的水引进来，把京都的这些阴沟暗渠都冲洗干净，这个举措不仅达到了公共卫生的目的，而且古老的城市里流淌着清澈河水的景象，光是想象一下都会让人觉得心情舒畅吧。

斜面铁道上运送物品的台座

工业用水的目的当然在于水力发电。疏水渠从蹴上这个地方进入京都盆地，这里后来建起了著名的水力发电站，至今运行百年，仍在给京都市内输送电力。

明治二十四年（1891 年），发电站首次发了 600 马力的电，提供给了倾斜铁道、京都钟表制作公司及京都电灯股份有限公司这三家最早的客户。明治二十八年（1895 年），日本最早的电车在南禅寺至盐小路之间运行成功，毫无疑问运行这趟电车所需要的电力也是用琵琶湖的水发出来的。

斜面铁道——我认为这是个非常了不起的杰作。疏水渠在从蹴上往京都市内延伸的这个地方的高度，与市内的地面相比有 40 米的差距。这个高度对于运转发电机来说是最好不过了，但是船只却无法通过。

因此，既要保持发电所需的 40 米落差，又要达成使船只安全通过的目的，于是，斜面铁道——倾斜式上下搬运铁道就应运而生了。

从琵琶湖穿过隧道而来的船只，先被搬到斜面铁道上部的铁制的台车上，顺着倾斜的轨道慢慢地向下方滑动，大约要下降 100 米。在将船只从上方运下来以后，已经有完成转动发电机使命的运河的水事先等在此处，装在台车上的船只就此下车，顺着运河一路驶向大阪。通过斜面铁道运输船只的整个过程就是这样的。

将船装上台车，以及将降到下方的台车再牵引回上方时所需的动力，都只需使用近旁的发电站里新鲜出炉的电力即可。正可谓一箭双雕的方案了。

在蹴上还修建了净水所，将来自琵琶湖的水净化以后，作为饮用水供应给市民。虽然老话说京都出美人是因为一生下来就用鸭川的水洗了澡，不过在京都城里普及了自来水以后，这个过去的习惯就消失了。

这么一说好像会引出京都从此出不了美人这样的歪理，我想就算是田边朔郎做的计划再完美，他也还是没能考虑到这一点吧。

京都成了日本最早拥有水力发电站的城市，除了蹴上以外，在夷川和伏见的三个地方建造起来的发电所最后都转让给了关西电力株式会社，蹴上和夷川两处的发电站至今仍然还在运行当中。出乎意料地是，不知道这一点的京都人还挺多的。

这么说起来，蹴上的那个斜面铁道，其实现在也还保持着能够运转的状态，这一点大概也没什么人知道吧。

由于东海道线的出现，用斜面铁道进行水上搬运的方式并没有持续很长时间。

虽然我们不得不承认京都向产业化都市转型的梦想破灭了，然而斜面铁道的构造本身却是非常简单实用的，稍加修改还能够继续发挥作用。

顺水前行的"新京都游览路线"

接下来要说的是我自己的一些假想。这个假想的方案并不需要太大的资金投入，如果我提议将前文谈到的斜面铁道重新拿来活用，读者们会觉得怎么样？脑海里有没有浮现出在水面上漂浮着的那种船底很浅的日本老式木船？

不过，计划并不是用船来载物，而是乘人。因为疏水渠至今仍然是法律意义上的运河，所以承载游客应该是没有什么可担心的。

对！在疏水渠上坐船游览京都！

当然，因为水的流速比较快，所以需要安装一个抑制速度的逆向发动机。

坐船游京都会是怎样一条精彩的路线呢？让我们先顺着疏水渠走着看一看。逢坂山长隧道的光线太暗，我们就不去了。

山科附近一到春天，路的两侧樱花盛开，会营造出一个天然的樱花隧道。穿过日岗的一条短短的隧道，蹴上就会瞬间展现在人们眼前。在斜面铁道的地方，船只被运到台车上再缓缓向下移动。看到此情此景，相信附近那些热衷于拍摄蒸气机关车的人群里，一定会有一部分人蜂拥着跑过来拍这边的景色吧。

疏水渠在这里一分为二，往左（即往西）的方向是疏水渠的主流，正式名称叫作鸭东运河。

穿过有着动物园、美术馆与京都会馆的冈崎，向北一直走到夷川通，再从这里沿着鸭川往南，大约走 100 米就到了高濑川的起点，从西往东按照高濑川、鸭川、琵琶湖疏水渠的顺序，三条河流就都凑齐了。

穿过三条大桥，京阪电车就以这里为起点在鸭川的堤坝上运行。从这里再往前的景色，到了夜间就会更美，因为京阪电车一直向前开，直接通向京都首屈一指的热闹地儿。

到了伏见这一带，疏水渠中的一部分水被当作灌溉用水抽走了，剩下的水流向南边与淀川汇合。

想象着索性就这么坐在船上，一直开到大阪市内去，也是乐事一桩吧。

另一方面，在蹴上分流往右边（即往东）去的疏水渠被称为白川分线。因为这一段不再是运河，因此没有办法继续坐船，不过沿着河岸边走一走也会十分惬意。

琵琶湖疏水渠的大拱桥——水路阁

　　最开始水路是在水路阁的上面，然后再穿过南禅寺的后山，再从永观堂到银阁寺，之后沿着东山的山脚向北边流去。途中有一段路的路线，正好与那个有名的"哲学小径"平行，因为有了疏水渠的潺潺流水，才更衬托出了"哲学小径"的宁静之美。

水路在银阁寺的前面转向东边，但很快又流向北边。这一带叫作北白川，是一片高级住宅区。

在北白川境内，水路一边一点点地向西边弯曲一边继续向前，之后在一乘寺附近从叡山电铁的铁轨下面钻过去。

水路继续往前，接下来就要从高野川和鸭川这两条河流的下方钻过去了。从这一点就可以看出在建造这条疏水渠的时候，当时的土木技术就已经是相当成熟了。

水路穿过高野川后就到了赤宫神社。经过赤宫又到了松崎净水所，剩下的水流继续往北，一直流到洛北高校的北侧附近，然后再稍稍向南，从鸭川的下面穿过去。

疏水渠的分线水路，现如今到了鸭川就算结束了。不过，在不久以前，分线水路还会继续往前，直到最终与堀川汇合。

琵琶湖的水，最终流进了堀川！

而堀川，正是在平安京建都以前的鸭川的旧址。琵琶湖的水，又给这条古老的水路注入了新鲜的力量。

琵琶湖疏水渠，可真算得上是给京都带来新鲜血液的大动脉了！

疏水渠建成至今已经过去了 130 年，若要问起这条大动脉现在是否已有了些硬化的迹象，就必须得由京都人自己来认真地想一想再做判断了。

另外，琵琶湖疏水渠纪念馆在平成元年，即 1989 年于斜面铁道的附近落成。大家一定要找机会去这个纪念馆看一看。纪念馆的规模虽然不大，不过展出的内容却非常精彩，斜面铁道的构造光靠眼睛看说明比较难以理解，在这里只需按一下"可移动模型"的按钮，一切疑问都会茅塞顿开了。

纪念馆里还展出了河田小龙画的琵琶湖疏水渠工程现场记录图，他不仅是一位土佐藩的画家，还曾经向坂本龙马传授过一些他所了解的西方的事情。

这是一本非常幸运的书。

它的幸运在于拥有了很多的读者，而且它证明了能够用解谜的方式去研读历史，这也是一桩幸事。

我觉得我们常常会接触到"历史里充满了谜团"这样的说法，只要在各种人物、事件、物品或是历史用语等词汇的后面加上"——之谜"，就真的能漫无边际地想出无数个话题出来。

既然有谜团存在，理论上只要花时间去解这个谜团，谜底自然就会水落石出。那么照这个说法，这个世界终将迎来一个谜团都不存在的那一天。虽然这句话说得有些极端，然而理论上确实如此。

不过，为何会出现这样奇妙的局面呢？那是因为人们都认定了"有谜团就非解开不可，而且世上没有解不开的谜团"。我想暂且试着远离人们固有的这个观点，同时也为写这本书打下了伏笔。

举个例子来说，"为何东寺兴旺昌盛，而西寺却销声匿迹"

就不是平常意义上所说的"谜团"。因为这件事情本身并没有什么复杂怪诞之处，历史事实就是如此，并不算是一个需要人们绞尽脑汁去解的"谜"。

兴建东寺和西寺，是基于东西两边必须得有对等的组成一对的寺庙这个绝对的理论前提。东西原本为一对，然而西寺却遭遇了火灾，长久以来都只剩下东寺独撑场面。没有了西寺的东寺是不是有些奇怪？这件事情本身是不是与建寺的初衷产生了矛盾？诸如这些问题才是我们给读者们设下的"谜"。

因为事实关系当中并没什么令人费解的地方，因此大可不必揪住不放。相反，若是非在这些既成事实上大做文章，反而可能会招来多管闲事之类的批判吧。

我们无法与过去理论"这事儿有些奇怪啊！"，不过，其实我们在解谜当中需要面对的对手，并不是那些已经成为冰冷历史的过去，而是现代的人们。

现代人都活在现代的常识之中。当然，尊重这些常识并没有任何过错，但不可否认，有时现代的人们会由于过于注重这些约定俗成的常识而受到束缚，在这一点上，倒是应该对现代的人们说上一句"这事儿有些奇怪啊！"。

生活在京都，每当谈及或是写作一些与京都有关的事情时，总会因为"京都是日本人心灵之乡"这句话而变得心情沉重。也许是因为太过压抑，有时候真想大声喊上一嗓子："别拿这些虚有其表的标签强加在京都的身上！"

不过，若是顺着这句话的意思来反驳一下这个观点倒也颇为有趣。我是打算对那些认为"京都是日本人心灵之乡"的人说上一句："原来如此，这可真是不胜荣幸，不过在你们的心灵之乡的京都历史里，可是有许多琐碎繁杂的事儿，就算这样你们也不介意吗？"对于我的这个反驳，读者们给予了很大的反响。这也正是我说这是一本非常幸运的书的原因所在。

　　这本书作为新尺寸①书籍问世已经是十三年前的事情了，而京都这些年里也发生了令人目不暇接的变化。京都城里已经看不见用琵琶湖的水发电做动力的电车，过去的一丝痕迹都没有被保留下来。南面的堀川也已经变成了暗沟。木头搭建的各家店铺改头换面成为一栋栋的小楼房。

　　京都不仅有这些眼睛看得见的变化，京都人的意识同样发生了非常大的转变。很多人都站在主人翁的立场上，觉得必须要把被东京和大阪拉开的差距填补起来。当然京都人过去也曾在心里暗暗地有过这样的念头，现如今京都人终于也开始公然地把这个念头表露出来了。

　　我自己也曾经在听到"不能让京都成为第二个奈良"这个振兴京都的口号时，惊讶地差点儿跳了起来。因为我一直都觉得京都的不足之处就在于没能够一鼓作气成为奈良那样的古都，有些半途而废的意思。

　　另外，这三年以来，京都在"共同保护古都税"的问题上出现了难以决断的情况。如果换作其他的城市，这个问题要么属于宗教，要么属于行政，肯定归属于其中某一类。然而京都却不是这样，对于京都而言，宗教与行政问题的内容大同小异，一旦纠缠到了一起，就不是那么容易一分为二的了。

　　京都市民们与这个税并没有直接的关系，他们只能说些

---

　　①　日文原版书为173mm×105mm尺寸。——译者注

诸如"到底会怎么解决呢?""我倒是觉得怎么着都会解决"之类的话,但也是真心为这事儿着急。不过,在人们焦虑的心情里,也不能否认多少都掺杂着一些微妙的自我满足感,仿佛在说:"这还真是个只有京都才会有的麻烦事儿呢!"

我想,从这些地方也许又会孕育出新的京都之谜吧。

高野澄
1986 年 1 月

再版后记

在上一次出版时，我曾在后记里写过"这是一本非常幸运的书"。现在，我又一次这样觉得。它的确是本幸运的书，因为它有幸能够以新装版的新面貌被再次呈现在各位读者朋友的面前。

这本书曾经在昭和四十七年（1972 年）由祥传社以全新的书籍尺寸出版，并且非常荣幸地得到了十万多读者的赏识而成为畅销书籍。十四年后的昭和六十一年（1986 年），本书又以小型平装书的尺寸再版。我写下"这是本非常幸运的书"的后记时，正好是那个时候。

自那时以来，又已经过了三十多年，没想到赶上平成时代①快要结束的时机，这本书又以新装版的形式被再次作为小型平装书出版发行。

我在接到编辑部希望以小型平装书再版的提案以后，于是时隔好久又把这本书重新读了一遍，并且发现了两点让我感到

---

① 作者写本篇后记时是 2019 年 2 月，平成时代于 2019 年 4 月 30 日结束。——编者注

惊讶的地方。

首先，上一版书的铅字的字体实在是太小了。虽说当时印刷品的铅字普遍都是这种尺寸，仅一页书就有17行，相应地字体就会比较小。而这一次印刷的时候，用了比较大的字体尺寸，我想上了年纪的人看起来会更方便一些，当然年轻人看起来也肯定是轻松不少。另外，书中在当时来说最新的照片，这一次也全部做了更新，根据实际情况做了修正。按照新书里的内容，我想在每个章节里介绍到的名胜古迹，读者们都可以从离它们最近的车站下车，去实地探寻一下。

另外还有一点也让我有些吃惊。虽然这本书的原稿是在40多年前写的，不过现在读起来也丝毫没有感到它的内容过了时。我想这是因为这本书的主题是以介绍京都的历史为切入口，并且采用了解谜的叙述方式。诸如"为何东寺兴旺昌盛，而西寺却销声匿迹""为何鞍马山是天狗的老巢"这样的疑问，我想它们应该都是在读者中比较有普遍性的话题。所以在这里我可以自吹自擂地说，这本书现在读起来，也依然十分有趣。

希望读者们能以这次新装版为线索，在大脑里做一次有关日本历史的旅行，抑或是能够带着这些线索实际地去京都走一走看一看，那样的话，我将感到十分开心与荣幸。

高野澄
2019 年 2 月